Lichthof

neu

Koki Matsuu
Noriyuki Takamoto
Megumi Wakabayashi
Fuminari Niimoto
Noriko Wakamatsu
Franz Hintereder-Emde
Angelika Emde

ASAHI Verlag

音声サイト URL

https://text.asahipress.com/free/german/lichthofneu/

吹込み－ Diana Beier-Taguchi

まえがき

本書は、はじめてドイツ語を学ぶ学生を対象とした初級ドイツ語文法の教科書です。発音から「接続法」まで初級文法の重要項目をすべて網羅しながらも、学びやすくわかりやすい教科書を目指しました。

本編は 13 の Lektion からなり、それぞれの Lektion は 4 ページにまとめられています。各 Lektion は見開き 2 ページの文法説明のほか、Übungen（練習問題）, Sprechen wir!（簡単な会話練習）, Information（補足説明）で構成されています。さらに別冊『ハイジ練習帳』も用意されています。

＊文法説明

「一目でわかる」ことを目指して、長い文章による文法説明をできるだけさけ、ポイントを絞った簡潔な説明に努めています。色わけした表や図を使って視覚的にも理解できるよう心がけました。注意が必要な箇所には、吹き出しでコメントをつけています。ところどころでハリネズミが重要ポイントや学習のヒントをつぶやきます。また、リンゴマークが細かな注意事項を補足します。文法説明および練習問題で使用した例文や問題文は、学習者にできるだけシチュエーションが伝わるよう工夫しました。

＊ Übungen（練習問題）

左ページに基礎練習の問題を集めました。文法説明で取り上げた項目順になっていますので、ひとつの項目が終わるごとに、その項目に関する練習問題に取り組むことも可能です。

右ページには応用としてドイツ語作文の問題を配置しました。作文の模範解答は音声収録されていますので、習熟度に応じて、聞き取り問題として使用することもできるようになっています。そのほか練習問題の解答文、文法説明の例文もすべて音声収録されていますので、自宅での予習復習に役立ちます。繰り返し聞いてリスニングの練習に使用したり、復唱してフレーズを覚えるとさらに効果的でしょう。

＊ Sprechen wir!（簡単な会話）

各 Lektion の文法項目に合わせて日常会話で使えるフレーズを集めてみました。語彙を置き換えて、会話練習に活用してください。

＊ Information（補足説明）

本文に関連する補足情報やトピックスを掲載しました。初級から中級へのステップアップに役立つでしょう。

＊別冊『ハイジ練習帳』

誰もが知っている『アルプスの少女ハイジ』の登場人物を題材にしたパートナー練習と文法練習、および名場面の日独対訳を収録しています。練習問題は各 Lektion で新たに学んだ事項に対応し、名場面も一部は、平易なドイツ語に書きかえています。ドイツ語で書かれた物語世界に触れるとともに、中級ドイツ語にもトライしてみてください。

著者一同

改訂にあたり

より学びやすい教科書を目指して、解説文や例文、練習問題等を見なおしました。また、『別冊ハイジ練習帳』のハイジ名場面は、初中級レベルのドイツ語講読テクストとしてもご活用いただけるよう、日本語訳ではなく、大意をつかむためのリード文の掲載となりました。新しい『リヒトホーフ』でドイツ語を学ぶ楽しさを感じていただけたらと願っています。

著者一同

目　次

Das Alphabet　アルファベット …… i

Die Aussprache　発音 …… ii

1 基本ルール　2 母音　3 ウムラウト　4 二重母音　5 子音
●あいさつ　●曜日・季節・月　●基数　●序数　●年号　●国名・国民・言語　●家族

Lektion 1　動詞の現在人称変化（1） …… 2

1 人称代名詞
2 動詞の現在人称変化
3 sein と haben の現在人称変化
4 動詞の位置

Lektion 2　名詞・冠詞・複数形 …… 6

1 名詞の性
2 名詞の格変化
3 名詞の格の用法
4 複数形

Lektion 3　動詞の現在人称変化（2）・命令形 …… 10

1 語幹が変化する動詞
2 命令形

Lektion 4　定冠詞類・不定冠詞類 …… 14

1 定冠詞類
2 不定冠詞類
3 否定冠詞 kein と nicht

Lektion 5　人称代名詞・前置詞 …… 18

1 人称代名詞の 3 格・4 格
2 前置詞の格支配
3 前置詞と定冠詞の融合形

Lektion 6　話法の助動詞・未来形 …… 22

1 話法の助動詞
2 未来形：未来・推量の助動詞 werden

Lektion 7　分離動詞・非分離動詞・接続詞 ……………………26

1 分離動詞
2 非分離動詞
3 接続詞

Lektion 8　動詞の 3 基本形・過去形 ……………………30

1 動詞の 3 基本形
2 過去形

Lektion 9　完了形・受動形 ……………………34

1 現在完了形
2 受動形

Lektion 10　形容詞 ……………………38

1 形容詞の 3 つの用法
2 形容詞の格変化
3 形容詞と副詞の比較表現

Lektion 11　再帰代名詞・再帰動詞・zu 不定詞 ……………………42

1 再帰代名詞
2 再帰動詞
3 zu 不定詞

Lektion 12　関係代名詞・指示代名詞 ……………………46

1 定関係代名詞
2 指示代名詞
3 不定関係代名詞 wer と was

Lektion 13　接続法 ……………………50

1 接続法
2 接続法の形
3 接続法の用法

主要不規則動詞変化表 ……………………54

装丁―小林正明
イラスト―高本麻美子

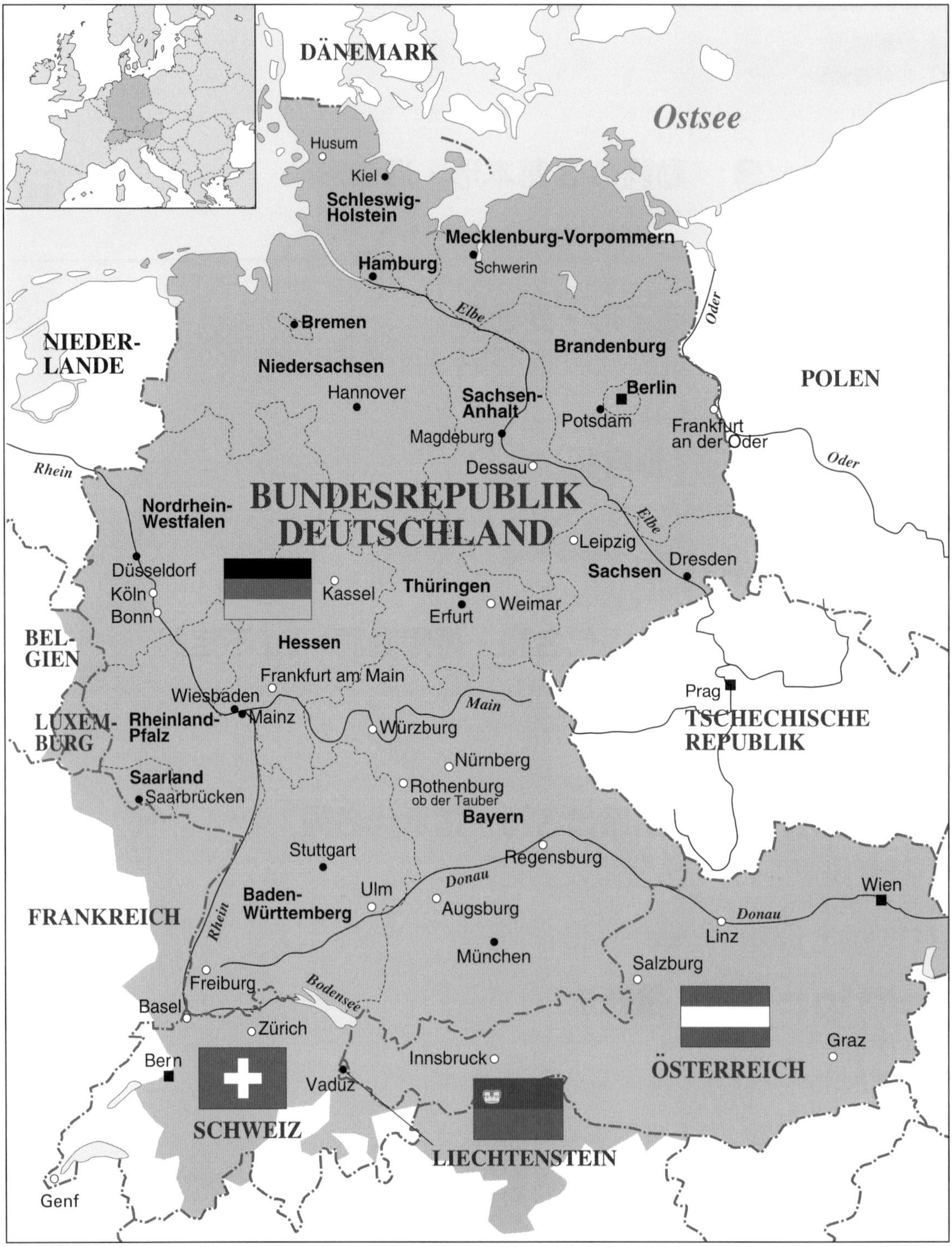

DÄNEMARK
Ostsee
Husum
Kiel
Schleswig-Holstein
Mecklenburg-Vorpommern
Hamburg
Schwerin
Elbe
Oder
Bremen
NIEDERLANDE
Niedersachsen
Brandenburg
POLEN
Hannover
Sachsen-Anhalt
Berlin
Potsdam
Magdeburg
Frankfurt an der Oder
Rhein
Dessau
Oder
BUNDESREPUBLIK DEUTSCHLAND
Nordrhein-Westfalen
Leipzig
Dresden
Düsseldorf
Sachsen
Köln
Kassel
Thüringen
Bonn
Erfurt
Weimar
BELGIEN
Hessen
Frankfurt am Main
Prag
Wiesbaden
Main
LUXEMBURG
Rheinland-Pfalz
Mainz
Würzburg
TSCHECHISCHE REPUBLIK
Nürnberg
Saarland
Rothenburg ob der Tauber
Saarbrücken
Bayern
Stuttgart
Regensburg
Donau
Wien
Baden-Württemberg
Ulm
Augsburg
Donau
FRANKREICH
Rhein
Linz
München
Salzburg
Freiburg
Bodensee
Basel
Zürich
Graz
Bern
Innsbruck
Vaduz
ÖSTERREICH
SCHWEIZ
LIECHTENSTEIN
Genf

Das Alphabet アルファベット

2

A	a	aː	Q	q	kuː
B	b	beː	R	r	ɛr
C	c	t͜seː	S	s	ɛs
D	d	deː	T	t	teː
E	e	eː	U	u	uː
F	f	ɛf	V	v	fa͜ʊ
G	g	geː	W	w	veː
H	h	haː	X	x	ɪks
I	i	iː	Y	y	ýpsilɔn
J	j	jɔt	Z	z	t͜sɛt
K	k	kaː			
L	l	ɛl	Ä	ä	ɛː
M	m	ɛm	Ö	ö	øː
N	n	ɛn	Ü	ü	yː
O	o	oː			
P	p	peː		ß	ɛs-t͜sɛ́t

Die Aussprache 発音

1 基本ルール

（1）ローマ字読み

（2）アクセントは原則として第１音節（最初の母音）

（3）アクセントのある母音の長さ

１つの子音が続く → 長母音　　２つ以上の子音が続く →短母音

（4）名詞の頭文字は大文字

2 母音 Vokale

3

a [aː] [a]	N**a**me 名前	T**a**sse カップ
e [eː] [ɛ] [ə]	N**e**bel 霧	H**e**ft ノート
i [iː] [ɪ]	K**i**no 映画館	b**i**tte お願いします／どうぞ
o [oː] [ɔ]	M**o**de 流行	k**o**mmen 来る
u [uː] [ʊ]	g**u**t 良い	B**u**tter バター

3 ウムラウト Umlaut

4

ä [ɛː] [ɛ] ［**a** の口の形で **e** と発音］	K**ä**se チーズ	H**ä**nde 手（Hand の複数形）
ö [øː] [œ] ［**o** の口の形で **e** と発音］	M**ö**bel 家具	k**ö**nnen ～できる
ü [yː] [ʏ] ［**u** の口の形で **i** と発音］	m**ü**de 疲れた	H**ü**tte 小屋

4 二重母音

5

ei	[aɪ] ［アイ］	**Ei**s アイス	kl**ei**n 小さい
ie	[iː] ［イー］	L**ie**be 愛	t**ie**f 深い
eu / äu	[ɔʏ] ［オイ］	h**eu**te 今日	B**äu**me 木（Baum の複数形）

母音 + h：h は発音しない（前の母音を長く発音する）

g**eh**en 行く　　B**ah**n 鉄道

5 子音 Konsonanten 6

j	[j]	**J**uni 6月	**J**acke ジャケット	
s + 母音	[z]	**s**agen 言う	**S**onne 太陽	
v	[f]	**V**ogel 鳥	**v**oll いっぱいの	
w	[v]	**w**ohnen 住んでいる	**W**ein ワイン	
z	[ts]	**Z**eit 時間	**Z**immer 部屋	
ß / ss	[s]	gro**ß** 大きい	e**ss**en 食べる	

語末の -b [p], **-d** [t], **-g** [k]		hal**b** 半分の	Aben**d** 夕方	Ta**g** 日
ch	[x]（a, o, u, au のあと）	Na**ch**t 夜	ho**ch** 高い	Bu**ch** 本
		Hau**ch** 息		
	[ç]（それ以外）	i**ch** 私は	Te**ch**nik 技術	Tei**ch** 池
chs	[ks]	se**chs** 6	wa**chs**en 成長する	
sch	[ʃ]	**Sch**ule 学校	Ta**sch**e バッグ	
tsch	[tʃ]	Deu**tsch** ドイツ語	**tsch**üs バイバイ	
語頭の sp-	[ʃp]	**Sp**rache 言語	**Sp**ort スポーツ	
語頭の st-	[ʃt]	**St**raße 通り	**st**ark 強い	

pf	[pf]	A**pf**el リンゴ	Ko**pf** 頭	
qu	[kv]	**Qu**ittung レシート	**Qu**elle 泉	
dt / th	[t]	Sta**dt** 都市	**Th**ema テーマ	
ds / ts / tz	[ts]	aben**ds** 夕方に	nach**ts** 夜に	Pla**tz** 広場
-ig	[ɪç]	Kön**ig** 王	zwanz**ig** 20	
-er, -r	[ɐ]	Bäck**er** パン屋	hie**r** ここに	

あいさつ 7

Guten Morgen!	おはよう（ございます）
Guten Tag!	こんにちは
Guten Abend!	こんばんは
Gute Nacht!	おやすみなさい
Auf Wiedersehen!	さようなら

Hallo! – Tschüs!	ハロー – バイバイ

Wie geht es Ihnen/dir?	お元気ですか？／元気？
Danke, gut. Und Ihnen/dir?	元気です。あなたは／君は？
Danke, auch gut.	私も元気です。

Danke schön! – Bitte schön!　どうもありがとう – どういたしまして

Entschuldigung! – Macht nichts. / Kein Problem.

すみません – どういたしまして（大丈夫です）

曜日・季節・月 8

曜日

Montag 月曜日　Dienstag 火曜日　Mittwoch 水曜日　Donnerstag 木曜日

Freitag 金曜日　Samstag 土曜日　Sonntag 日曜日

季節

Frühling 春　Sommer 夏　Herbst 秋　Winter 冬

1月～12月

Januar 1月　Februar 2月　März 3月　April 4月

Mai 5月　Juni 6月　Juli 7月　August 8月

September 9月　Oktober 10月　November 11月　Dezember 12月

基数 (9)

0 null		
1 eins	11 elf	21 einundzwanzig
2 zwei	12 zwölf	22 zweiundzwanzig
3 drei	13 dreizehn	30 drei**ßig**
4 vier	14 vierzehn	40 vierzig
5 fünf	15 fünfzehn	50 fünfzig
6 sechs	16 **sech**zehn	60 **sech**zig
7 sieben	17 **sieb**zehn	70 **sieb**zig
8 acht	18 achtzehn	80 achtzig
9 neun	19 neunzehn	90 neunzig
10 zehn	20 **zwan**zig	

100 (ein)hundert	101 (ein)hunderteins	175 (ein)hundertfünfundsiebzig
200 zweihundert	1.000 (ein)tausend	10.000 zehntausend
100.000 hunderttausend	1.000.000 eine Million	3.000.000 drei Millionen

序数

1～19：基数 +**t**　　20 以上：基数 +**st**

1. erst	11. elft	21. einundzwanzigst
2. zweit	12. zwölft	22. zweiundzwanzigst
3. dritt	13. dreizehnt	30. dreißigst
4. viert	14. vierzehnt	40. vierzigst
5. fünft	15. fünfzehnt	50. fünfzigst
6. sechst	16. sechzehnt	60. sechzigst
7. siebt	17. siebzehnt	70. siebzigst
8. acht	18. achtzehnt	80. achtzigst
9. neunt	19. neunzehnt	90. neunzigst
10. zehnt	20. zwanzigst	
100. hundertst	101. hunderterst	1000. tausendst

年号

1989 年　neunzehnhundertneunundachtzig

2023 年　zweitausenddreiundzwanzig

2000 年以降は基数と同じ

● 国名・国民・言語

国名		国籍	言語
ドイツ	Deutschland	Deutscher / Deutsche	Deutsch
イギリス	England	Engländer / Engländerin	Englisch
イタリア	Italien	Italiener/ Italienerin	Italienisch
アメリカ	die USA	Amerikaner/ Amerikanerin	Englisch
スペイン	Spanien	Spanier / Spanierin	Spanisch
フランス	Frankreich	Franzose / Französin	Französisch
ギリシャ	Griechenland	Grieche / Griechin	Griechisch
トルコ	die Türkei	Türke / Türkin	Türkisch
オーストリア	Österreich	Österreicher / Österreicherin	Deutsch
ポーランド	Polen	Pole / Polin	Polnisch
スイス	die Schweiz	Schweizer/Schweizerin	Deutsch Französisch Italienisch Rätoromanisch
日本	Japan	Japaner/Japanerin	Japanisch
朝鮮(韓国・北朝鮮)	Korea	Koreaner/Koreanerin	Koreanisch
中国	China	Chinese/Chinesin	Chinesisch

● 家族

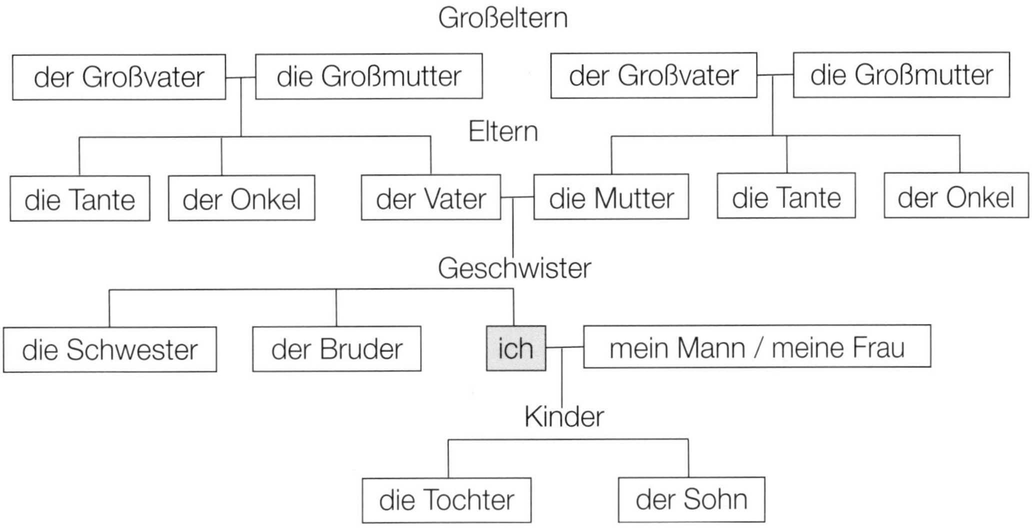

Lektion 1　動詞の現在人称変化(1)

1 人称代名詞

§ 主語になる人称代名詞

	単数		複数
1人称	**ich**		**wir**
2人称（親称）	**du**		**ihr**
3人称	**er**	（男性）	**sie**
	es	（中性）	
	sie	（女性）	
2人称（敬称）	**Sie**		**Sie**

2人称には「**親称**」と「**敬称**」の2種類がある。

⑴「親称」の du, ihr は家族、友人、学生同士など「名前で呼ぶ親しい間柄」にもちいる。

⑵「敬称」の Sie は ⑴ 以外の「苗字で呼ぶ間柄」にもちいる。

⑶ Sie は単複同形で、頭文字はつねに大文字で書く。Sie 以外は文頭でなければ小文字。

2 動詞の現在人称変化

動詞(不定詞) ＝ 語幹 ＋ 語尾 **-en(-n)**

不定詞　**kommen** 来る　　**komm**（語幹） ＋ **en**（語尾）

動詞は**語幹**と**語尾**からなり、**主語**によって**語尾が変わる（人称変化）**。
主語に応じて変化した動詞を**定形（定動詞）**という。

	不定詞		kommen		lernen
単数	1人称	ich	komm**e**	ich	lern**e**
	2人称（親称）	du	komm**st**	du	lern**st**
	3人称	er es sie	komm**t**	er es sie	lern**t**
複数	1人称	wir	komm**en**	wir	lern**en**
	2人称（親称）	ihr	komm**t**	ihr	lern**t**
	3人称	sie	komm**en**	sie	lern**en**
単複	2人称（敬称）	Sie	komm**en**	Sie	lern**en**

§ 注意すべき動詞の変化

(1) **warten**			
単数		複数	
ich	wart**e**	wir	wart**en**
du	wart**est**	ihr	wart**et**
er/es/sie	wart**et**	sie	wart**en**
Sie	wart**en**		

(1) 語幹が -d -t でおわる動詞
主語が du, er/es/sie, ihr（２人称単・複／３人称単数）

→ du 語幹 **est**, er 語幹 **et**, ihr 語幹 **et**
例：arbeiten, finden など

(2) **reisen**			
単数		複数	
ich	reis**e**	wir	reis**en**
du	reis**t**	ihr	reis**t**
er/es/sie	reis**t**	sie	reis**en**
Sie	reis**en**		

(2) 語幹が -s -ss -ß -tz -z でおわる動詞

→ du 語幹 **t**
例：passen, heißen, sitzen, tanzen など

3 sein と haben の現在人称変化 10

sein			
単数		複数	
ich	bin	wir	sind
du	bist	ihr	seid
er/es/sie	ist	sie	sind
Sie	sind		

haben			
単数		複数	
ich	habe	wir	haben
du	hast	ihr	habt
er/es/sie	hat	sie	haben
Sie	haben		

sein 自　A は B である。　Er **ist** Japaner.　彼は日本人です。

haben 他　～を持っている。　Ich **habe** Geld.　私にはお金がある。

4 動詞の位置 11

不定詞句
不定詞が**最後**

heute Tennis **spielen**（不定詞）　今日テニスをする

↓ 定形 spiele になる

(1) 平叙文
動詞の定形が**２番目**

Ich **spiele**（定形） heute Tennis.　私は今日テニスをする。

Heute **spiele** ich Tennis.　今日私はテニスをする。

(2) 疑問詞のある疑問文
疑問詞が**文頭**
動詞の定形が**２番目**

Wann（疑問詞） **spielt**（定形） sie Tennis?　いつ彼女はテニスをするの？

(3) 決定疑問文
動詞の定形が**文頭**

Spielst（定形） du heute Tennis?　今日テニスするの？

— **Ja**, ich spiele heute Tennis.
うん、今日テニスするよ。

— **Nein**, ich spiele heute **nicht** Tennis.
ううん、今日テニスしないよ。

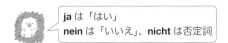

ja は「はい」
nein は「いいえ」、**nicht** は否定詞

Übungen 1

1. 次の動詞を人称変化させなさい。

(1) kaufen　(2) machen　(3) gehen　(4) trinken　(5) wohnen

(6) spielen　(7) studieren　(8) hören　(9) arbeiten　(10) heißen

2. ________ に［　］の動詞の定形を入れなさい。 12

(1) Ich ________ jetzt in München. [wohnen]　私は今ミュンヘンに住んでいます。

(2) Er ________ aus Japan. [kommen]　彼は日本出身です（日本から来ている）。

(3) Leo und Gabi ________ Musik. [hören]　レオとガビは音楽を聴く。

(4) Heute ________ sie Fußball. [spielen]　今日彼らはサッカーをする。

(5) Sie ________ Kaffee. [trinken]　彼女はコーヒーを飲む。

(6) Wo ________ du? [arbeiten]　君はどこで働いているのですか？

(7) Wie ________ du? [heißen]　君は何という名前なの？

(8) ________ ihr gern? [tanzen]　君たちは踊るの好き？

3. ________ に［　］の動詞の定形を入れなさい。 13

(1) Ich ________ Studentin. [sein]　私は大学生（女性）です。

(2) ________ er auch Student? [sein]　彼も大学生ですか？

(3) Sie ________ gerade jetzt Zeit. [haben]　彼女はちょうど今、時間がある。

(4) ________ ihr Hunger? [haben]　君たちはお腹が空いている？

4. 下線部の語を文頭に置いて文を書き換え、訳しなさい。 14

(1) Wir lernen <u>jetzt</u> Deutsch. ________

(2) Ich trinke gern <u>Tee</u>. ________

(3) Sie studiert <u>in Wien</u> Musik. ________

5. ドイツ語で書きなさい。 15

(1) オリバー（Oliver）はとても上手に（sehr gut）ピアノを弾く（Klavier spielen）。

(2) ハンナ（Hanna）は 日本へ（nach Japan）旅行する（reisen）。

(3) 私はよく（oft）アップルジュース（Apfelsaft）を飲む（trinken）。

(4) 彼は数学（Mathematik）を大学で専攻している（studieren）。

Sprechen wir!

16

★名前、出身、今住んでいる地名を言ってみよう。

Guten Tag! Ich heiße **Erich Kästner**. こんにちは！私はエーリヒ・ケストナーです。
Ich komme **aus Dresden**. 私はドレスデンの出身です。
Aber jetzt wohne ich **in München**. でも今はミュンヘンに住んでいます。

Und **wie** heißt du / heißen Sie? →
Woher kommst du / kommen Sie? →
Wo wohnst du / wohnen Sie jetzt? →

INFORMATION

§ アクセントに注意！

stud<u>ie</u>ren, fotograf<u>ie</u>ren など不定詞が ～**ieren** で終わる動詞は <u>**ie**</u> にアクセントがある。

§ 疑問詞

was	なに	**Was** studieren Sie?	**wohin**	どこへ	**Wohin** gehen Sie?
wer	だれ	**Wer** ist sie?	**wann**	いつ	**Wann** hast du Zeit?
wo	どこ	**Wo** wohnt er jetzt?	**warum**	なぜ	**Warum** lernst du Deutsch?
woher	どこから	**Woher** kommen Sie?	**wie**	どのように	**Wie** heißen Sie?

Lektion 2 名詞・冠詞・複数形

1 名詞の性

名詞はすべて**男性・中性・女性**のいずれかの文法上の性をもつ。

性と数に応じて**冠詞の形が変わる。複数形**では**性の区別はなくなる。**

男性名詞 (er)	中性名詞 (es)	女性名詞 (sie)	複数形 (sie)
der Vater 父	**das** Kind 子ども	**die** Mutter 母	**die** Kinder 子どもたち
der Tisch 机	**das** Buch 本	**die** Tasche バッグ	**die** Taschen バッグ（複数）

人・もの（こと）に関係なく、文法上の性と数に応じて人称代名詞が決まる。
例：der Tisch → **er**, das Kind → **es**, die Tasche → **sie**

2 名詞の格変化

名詞には文中の**役割に応じて 1 格から 4 格まで 4 つの格**がある。
格に応じて**冠詞の形が変わる。**

(1) 定冠詞と名詞の格変化

	男性名詞		中性名詞		女性名詞		複数形	
1 格	d**er**	Vater	d**as**	Kind	d**ie**	Mutter	d**ie**	Kinder
2 格	d**es**	Vater**s**	d**es**	Kind**[e]s**	d**er**	Mutter	d**er**	Kinder
3 格	d**em**	Vater	d**em**	Kind	d**er**	Mutter	d**en**	Kinder**n**
4 格	d**en**	Vater	d**as**	Kind	d**ie**	Mutter	d**ie**	Kinder

男性名詞と**中性名詞**の **2 格**では、名詞の語尾に **-s** か **-es** がつく。
複数 3 格では名詞の語尾に **-n** がつく。（～ **n**, ～ **s** で終わる複数形には語尾 **-n** は追加しない）

(2) 不定冠詞と名詞の格変化

	男性名詞		中性名詞		女性名詞		複数形
1 格	ein	Vater	ein	Kind	ein**e**	Mutter	Kinder
2 格	ein**es**	Vater**s**	ein**es**	Kind**[e]s**	ein**er**	Mutter	Kinder
3 格	ein**em**	Vater	ein**em**	Kind	ein**er**	Mutter	Kinder**n**
4 格	ein**en**	Vater	ein	Kind	ein**e**	Mutter	Kinder

辞書の表記

名詞 性 単数 2 格／複数形

例：Tisch 男 **-[e]s / -e** → des Tisch[e]s / die Tische
Tochter 女 **- / Töchter（または ̈ ）** → der Tochter / die Töchter

3 名詞の格の用法

17

1格 （主語）

Der Mann trinkt gern Bier. — **その男性は**ビールを飲むのが好きだ。

2格は**後ろ**から

2格 （所有）

Das Fahrrad **des Mannes** ist teuer. — **その男性の**自転車は高価だ。

3格 （間接目的語）

Ich schenke **dem Mann** ein Buch. — 私は**その男性に**一冊の本をプレゼントする。

4格 （直接目的語）

Wir kennen **den Mann**. — 私たちは**その男性を**知っている。

§ そのほかの重要な格の用法

（1） 1格は「主語」と「述語補語」になる。

Die Frau (1格) ist **Anwältin** (1格). — その女性は弁護士です。

職業・国籍に不定冠詞は不要

„Momo“, das ist **der Titel** (1格) des Buches. — 『モモ』、これがその本のタイトルです。

das は指示代名詞（→ L12）としても使われる。

（2） 3格を目的語とする自動詞がある。

（他動詞） Der Lehrer zeigt **den Schülern** (3格) ein Bild (4格). — その教師は生徒たちに一枚の絵を見せる。

3格＋4格＝人^{3}に〜^{4}を

（自動詞） Das Auto gehört **einem Arzt** (3格). — その車はある医師のものです。

4 複数形

複数形には語尾によって5つの型がある。

	単数形				複数形	
無語尾型 (¨)	der	Lehrer	教師	→	die	Lehrer
	der	Bruder	兄（または弟）	→	die	Brüder
E　型 (¨)	das	Heft	ノート	→	die	Hefte
	der	Sohn	息子	→	die	Söhne
ER　型 (¨)	das	Kind	子ども	→	die	Kinder
	der	Mann	男性	→	die	Männer
[E]N　型	die	Frau	女性	→	die	Frauen
	die	Schwester	姉（または妹）	→	die	Schwestern
S　型	das	Auto	車	→	die	Autos

Übungen 2

1.　次の名詞を、定冠詞を使って格変化させなさい。

(1) der Bruder　　(2) das Mädchen　　(3) die Schwester

(4) der Hund　　(5) das Tier　　(6) die Katze

(7) der Finger　　(8) das Auge　　(9) die Hand

2.　1. の名詞を、不定冠詞を使って格変化させなさい。

3.　(　) に定冠詞を入れなさい。 18

(1) (　　　　) Frau[女] ist sehr reich.　　その女性はとても金持ちだ。

(2) Ich zeige den Schülern (　　　　) Stadt.[女]　　私は生徒たちに街を見せる。

(3) Sie schenkt (　　　　) Kind[中] ein Heft.　　彼女はその子にノートを一冊プレゼントする。

(4) Der Mann (　　　　) Frau[女] hat drei Schwestern.　　その女性の夫には姉妹が３人いる。

(5) Das ist das Haus (　　　　) Lehrers.[男]　　これがその教師の家です。

4.　(　) に不定冠詞を入れなさい。 19

(1) Dort steht (　　　　) Kirche.[女]　　あそこに教会がある。

(2) Er kauft (　　　　) Fahrrad.[中]　　彼は自転車を一台買う。

(3) Das Haus hat (　　　　) Balkon.[男]　　その家にはバルコニーがある。

(4) Ich schreibe (　　　　) Frau[女] einen Brief.　　私はある女性に手紙を書く。

(5) Das ist das Auto (　　　　) Lehrerin.[女]　　これはある教師の車です。

5.　(　) 内に適切な人称代名詞を入れなさい。 20

(1) Ich habe eine Katze. (　　　) heißt Karin.
私はネコを一匹飼っています。名前はカリンです。

(2) Was machen die Kinder dort? — (　　　) spielen Baseball.
子どもたちはあそこで何をしているの？ — 野球をしてます。

(3) Ist der Tisch teuer? — Ja, (　　　) ist teuer.
そのテーブルは高価ですか？ — はい、高いです。

(4) Da ist ein Café. (　　　) heißt „Café Einstein“.
そこにカフェがあります。それは「カフェ・アインシュタイン」という名前です。

6.　1. の (5) ～(9) の名詞を複数形にし、定冠詞を使って格変化させなさい。

7. ドイツ語で書きなさい。 21

(1) 彼はボールペンを一本買う。ボールペン ein Kuli (Kugelschreiber)[男] / 買う kaufen [他]

....

(2) その子どもはプレゼントをひとつもらう。
子ども das Kind[中] / プレゼント ein Geschenk[中] / もらう bekommen [他]

....

(3) その音楽家（女性）の息子も音楽家です。
息子 der Sohn[男] / 音楽家 Musiker[男] / die Musikerin[女] / 〜も auch / 〜である sein [自]

....

(4) ウェイターがその客にコーヒーを一杯持っていく。
ウェイター der Kellner[男] / 客 der Gast[男]/ コーヒー ein Kaffee[男] / 人^{3}に〜^{4}を持っていく bringen [他]

....

Sprechen wir!

22

★国名とそこに住む人たちについて話そう。

Woher kommt Mozart? モーツァルトはどこの出身？
— Er kommt aus **Österreich**. Er ist **Österreicher**. オーストリア出身です。彼はオーストリア人です。
(vii ページ参照)

★兄弟姉妹についてきいてみよう。

Hast du Geschwister? — Ja, ich habe einen Bruder und zwei Schwestern.
兄弟姉妹はいますか？ はい、兄(弟)がひとりと姉(妹)が二人います。

— Nein, ich habe keine Geschwister.
いいえ、兄弟姉妹はいません。

(kein は否定冠詞→ L4)

INFORMATION

§ 女性形の語尾 -in：職業・身分などをあらわす名詞の女性形

	男性	女性		男性	女性
教師	Lehrer	Lehrer**in**	生徒	Schüler	Schüler**in**
大学生	Student	Student**in**	日本人	Japaner	Japaner**in**
医者	Arzt	Ärzt**in**			

§ 中性形の語尾 -chen：小さいことをあらわす縮小形

Mäd**chen** 少女，Mär**chen** 童話(メルヘン)，Bröt**chen** ブレートヒェン(小さいパン)
人名：Hans → Häns**chen**

Lektion 3　動詞の現在人称変化（2）・命令形

1 語幹が変化する動詞 23

主語が **2 人称・3 人称単数**のときに**母音が変音する**動詞がある。

	a → ä	e → i	e → ie
	fahren	sprechen	sehen
ich	fahre	spreche	sehe
du	f**ä**hrst	spr**i**chst	s**ie**hst
er/es/sie	f**ä**hrt	spr**i**cht	s**ie**ht
wir	fahren	sprechen	sehen
ihr	fahrt	sprecht	seht
sie/Sie	fahren	sprechen	sehen

（1） **a → ä 型**　schlafen 眠る（du **schläfst** / er **schläft**）
tragen 担う・着る（du **trägst** / er **trägt**）など

Er **fährt** heute nach Köln.　彼は今日ケルンに（乗り物で）行く。

（2） **e → i 型**　essen 食べる（du **isst** / er **isst**）
helfen 自 人^3 を助ける（du **hilfst** / er **hilft**）
geben 与える（du **gibst** / er **gibt**）など

Isst das Baby schon Brötchen?　その赤ちゃんはもうパンを食べるかな？

（3） **e → ie 型**　sehen 見る（du **siehst** / er **sieht**）
lesen 読む（du **liest** / er **liest**）など

Was **liest** du jetzt?　君は今何を読んでいるの？

例外的変化　nehmen（受け）取る（ du **nimmst** / er **nimmt**）、halten 保つ（du **hältst** / er **hält**）

辞書の表記　fahren*［du **fährst**, er **fährt**］自

§ 重要な動詞 werden

werden 自 **～になる**

ich	werde	wir	werden
du	**wirst**	ihr	werdet
er/es/sie	**wird**	sie/Sie	werden

A wird **B**.　**A** は **B** になる。
A も **B** も **1 格**（→ L2）

Du **wirst** bald Vater.　もうすぐ父親になるんだね。

Er **wird** leicht böse.　彼はすぐに腹を立てる。

2 命令形 24

命令形は相手（２人称）に**行為を促す、要求・お願い**する表現。

命令形には**（1）du** に対して、**（2）ihr** に対して、**（3）Sie** に対して、の３種類がある。
動詞は文頭に置く。

	kommen	warten	sprechen	schlafen
→ du　**語幹 / 語幹 + e**	Komm[e]!	Warte!	Sprich!	Schlaf[e]!
→ ihr　**語幹 + t / 語幹 + et**	Kommt!	Wartet!	Sprecht!	Schlaft!
→ Sie　**語幹 + en Sie**	Kommen Sie!	Warten Sie!	Sprechen Sie!	Schlafen Sie!

現在のドイツ語では、命令形に **e** をつけるのはまれ。
ただし -d -t には **e** をつける。

（1）du への命令形

主語 **du** は**省略**、不定詞の 語幹 / 語幹 **+ e**

1 **e → i 型**と **e → ie 型**の不定詞は命令形でも**変音**し、語尾の **e は付けない。**

spr**e**chen → **Sprich** bitte noch langsamer!　もっとゆっくり話して！

l**e**sen → **Lies** mal zuerst das Buch!　まずはこの本を読みなよ！

2 **a → ä 型**の不定詞の命令形は**変音しない。**

schl**a**fen → **Schlaf** gut!　おやすみ（よく眠って）！

命令形ではよく、bitte, mal, doch などの副詞がそえられる。

（2）ihr への命令形

主語 **ihr** は**省略**、不定詞の 語幹 + **t**

動詞の現在人称変化の ihr kommt の kommt と同じ。

kommen → **Kommt** doch sofort!　とにかくすぐおいでよ！

（3）Sie（敬称）への命令形

主語 **Sie** は**省略しない**、不定詞の 語幹 + **en**

Sie に対する命令は接続法 I（→ L13）

Kommen Sie gut nach Hause!　気をつけて帰宅してください！

sein の命令形は不規則なので注意！

du に対して　**Sei** nur ruhig!　まあ落ち着いて！

ihr に対して　**Seid** pünktlich!　時間を守って！

Sie に対して　**Seien Sie** unbesorgt!　どうぞご心配なく。

werden の du に対する命令形は **werde!**

Übungen 3

1. 次の動詞を人称変化させなさい。

(1) essen　(2) sehen　(3) waschen　(4) geben

(5) treffen　(6) treten　(7) fallen　(8) halten

2. ______ に［ ］の動詞の定形を入れなさい。 25

(1) Hanna ______ dem Ausländer. ［人^3 helfen 自］　ハンナはその外国人を助ける。

(2) Was ______ du gern? ［essen］　何を食べるのが好き？

(3) ______ ihr das Schloss dort? ［sehen］　君たち、あそこのお城が見える？

(4) Sie ______ immer Mangas. ［lesen］　彼女はいつも漫画を読んでいる。

(5) ______ du morgen nach Berlin? ［fahren 自］　明日ベルリンに行くの？

(6) Der Ball ______ dem Kind sehr. ［人^3 gefallen 自］　ボールはこの子の大のお気に入りです。

(7) Eine Frau ______ den Kindern Schokolade. ［geben］　一人の女性が子どもたちにチョコをあげる。

(8) Die Touristen ______ einen Bus. ［nehmen］　その観光客たちはバスに乗る。

3. ［ ］の指示にしたがい、命令形を ______ に入れなさい。 26

(1) ______ Sie das bitte noch einmal! ［sagen: Sie に対して］　もう一度言ってください！

(2) ______ mal die Katze dort! ［sehen: du に対して］　あそこの猫を見て！

(3) ______ mal hier! ［warten: ihr に対して］　ちょっとここで待ってて！

(4) ______ doch langsamer! ［essen: ihr に対して］　もっとゆっくり食べなさい！

(5) ______ doch nicht so schnell! ［fahren: du に対して］　そんなにスピードを出さないで！

4. ドイツ語で書きなさい。 27

(1) 君はコーヒーにする、それとも紅茶？
コーヒー ein Kaffee[男] / それとも oder / 紅茶 ein Tee[男] / 〜^{4}にする nehmen

(2) 先生がその生徒にヒントをひとつ与える。
先生 der Lehrer / 生徒 der Schüler / ヒント ein Tipp[男] / 人^{3}に〜^{4}を与える geben

(3) 今日、彼女はメガネをかけている。
今日 heute / メガネ eine Brille[女] / 〜^{4}を身につける tragen

(4) そんなに大きな声で話さないでください！
doch（命令の強調）/ それほど大声でなく nicht so laut / 話す sprechen（敬称 2 人称に対して）

Sprechen wir!

28

★何をするのが好き？

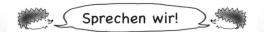

Was machst du gern? — Ich **sehe** gern **Filme**.

▶【Tennis / Basketball / Fußball / Federball (Badminton) / Klavier / Geige】spielen, Filme sehen,【Romane / Mangas】lesen,【Fahrrad / Auto】fahren, singen, schwimmen

INFORMATION

§ 疑問詞 wer と was の格変化

Wem kaufst du den Ring?
その指輪、誰に買ってあげるの？
Was machst du heute? 今日何をするの？

	誰	何
1格	wer	was
2格	wessen	–
3格	wem	–
4格	wen	was

§ 〜しましょう！

[語幹] **+ en wir** で「**勧誘**」をあらわす。

Gehen wir zu Fuß! 歩いて行きましょう！
Trinken wir Bier! ビール飲もう！

Lektion 4　定冠詞類・不定冠詞類

1 定冠詞類　29

格変化は定冠詞に準じる。

dieser	この…	**jen**er	あの…
jeder	どの…も（単数のみ）	**all**er	すべての…
welcher	どの…	**solch**er	そのような…

	男性名詞		中性名詞		女性名詞		複数形	
1格	dies**er**	Rock	dies**es**	Hemd	dies**e**	Hose	dies**e**	Schuhe
2格	dies**es**	Rock[e]s	dies**es**	Hemd[e]s	dies**er**	Hose	dies**er**	Schuhe
3格	dies**em**	Rock	dies**em**	Hemd	dies**er**	Hose	dies**en**	Schuhen
4格	dies**en**	Rock	dies**es**	Hemd	dies**e**	Hose	dies**e**	Schuhe

§ 定冠詞類の用法

1格　**Dieser** Hut ist schick.　この帽子はおしゃれだ。

2格　Die Farbe **dieser** Schuhe finde ich gut.　この靴の色を私はいいと思う。

3格　Der Lehrer gibt **jedem** Schüler Aufgaben.　教師が生徒ひとりひとりに課題を与える。

4格　**Welches** Hemd kaufst du?　どのシャツを買うの？

中性1格・4格
定冠詞 da**s** →定冠詞類の語尾 -**es**

定冠詞の格変化

	男性	中性	女性	複数
1格	der	das	die	die
2格	des	des	der	der
3格	dem	dem	der	den
4格	den	das	die	die

定冠詞類の語尾

	男性	中性	女性	複数
1格	-er	-es	-e	-e
2格	-es	-es	-er	-er
3格	-em	-em	-er	-en
4格	-en	-es	-e	-e

2 不定冠詞類 🎧 30

不定冠詞類には**所有冠詞**と**否定冠詞 kein** がある。格変化は不定冠詞と同じ。

所有冠詞

	単数		複数	
1人称	**mein**	ich	**unser**	wir
2人称（親称）	**dein**	du	**euer**	ihr
3人称	**sein**	er	**ihr**	sie
	sein	es		
	ihr	sie		
2人称（敬称）	**Ihr**	Sie		

	男性名詞		中性名詞		女性名詞		複数形	
1格	mein	Hut	mein	Fahrrad	mein**e**	Tasche	mein**e**	Socken
2格	mein**es**	Hut[e]s	mein**es**	Fahrrad[e]s	mein**er**	Tasche	mein**er**	Socken
3格	mein**em**	Hut	mein**em**	Fahrrad	mein**er**	Tasche	mein**en**	Socken
4格	mein**en**	Hut	mein	Fahrrad	mein**e**	Tasche	mein**e**	Socken

§ 不定冠詞類の用法

1格 **Sein** Auto ist rot. 彼の車は赤い。

2格 Das Haus **meines** Onkels ist sehr alt. 私のおじの家はとても古い。

3格 Sie schenkt **ihrer** Tante einen Schal. 彼女は彼女のおばにショールをプレゼントする。

4格 Wir lieben **unsere** Großmutter. 私たちはおばあちゃんが大好きだ。

3 否定冠詞 kein と nicht 🎧 31

⑴ 不定冠詞がついた名詞、または無冠詞の名詞を否定するときは、**否定冠詞 kein** をもちいる。

Ich brauche heute einen Mantel. → Ich brauche heute **keinen** Mantel.
今日はコートが必要だ。 今日はコートは必要ない。

Ich habe heute Zeit. → Ich habe heute **keine** Zeit.
私は今日暇がある。 私は今日暇がない。

⑵ それ以外の否定：否定したい語（句）の直前に **nicht** をおく。

Das ist **nicht seine Jacke**. これは彼のジャケットではありません。
Ich trinke **nicht gern** Bier. 私はビールが好きではありません。

動詞（定形）を否定する場合は文末に **nicht** をおく。
Ich kenne diese Frau **nicht**. この女性を私は知りません。

Übungen 4

1. ________ に定冠詞類の語尾を入れなさい。 32

(1) Dies________ Buch 中 ist sehr interessant. この本はとても興味深い。

(2) Welch________ Jacke 女 kaufst du? どのジャケットを買うの？

(3) Jed________ Tag 男 4 haben wir Unterricht. 毎日、私たちは授業がある。

時を表わす名詞の 4 格は副詞的にもちいられる。

(4) Ich empfehle all________ Studenten 複 dies________ Roman. 男
私は学生全員にこの小説をすすめる。(empfehlen* 人 3 に〜 4 をすすめる)

(5) Das Märchen gefällt all________ Kindern. 複
このメルヘンは子どもたちみんなのお気に入りだ。(gefallen 自 人 3 に気に入られる)

(6) Die Mutter dies________ Schülerin 女 ist Schauspielerin. この生徒の母親は女優です。

2. ________ に不定冠詞類の語尾を入れなさい。ただし語尾が必要ない場合は X を入れなさい。 33

(1) Sein________ Schwester 女 arbeitet schon. 彼のお姉さんはすでに働いている。

(2) Mein________ Bruder 男 ist noch Schüler. 私の弟はまだ学校に通っている（まだ生徒です）。

(3) Ich kenne ihr________ Mutter. 女 私は彼女の母親を知っている。

(4) Wir danken unser________ Freund. 男 私たちは友人に感謝する。(danken 自 人 3 に感謝する)

(5) Das ist der Sohn mein________ Tante. 女 これは私のおばの息子です。

(6) Verkaufst du denn dein________ Fahrrad 中 ? 君の自転車売っちゃうの？

3. 次の文を否定文に書き換えなさい。 34

(1) Ich habe einen Hund. ________________
私は犬を一匹飼っている。

(2) Jetzt haben wir Hunger. 男 ________________
今私たちは空腹です。

(3) Ich habe Fieber. 中 ________________
私は熱がある。

(4) Das ist unser Auto. 中 ________________
これは私たちの車です。

(5) Heute Abend dusche ich. ________________
今晩、私はシャワーを浴びる。

4. ドイツ語で書きなさい。 35

(1) 彼のお兄さんは今フランクフルトで働いている。
sein Bruder[男] / jetzt / in Frankfurt / arbeiten

(2) ときどき私は姉を訪ねる。
manchmal / meine Schwester[女] / $\sim^4$ besuchen

(3) 彼女はよくドイツにいる友人にメールを書く。
oft / eine Freundin[女] in Deutschland / eine E-Mail[女] / 人^3$\sim^4$ schreiben

(4) 私たちの先生はいまだにスマートフォンを持っていない。
unser Lehrer[男] / immer noch / kein Smartphone[中] / $\sim^4$ haben

Sprechen wir!

36

★電話番号は？（v ページ参照）

Wie ist deine Telefonnummer? 電話番号は？
Meine Telefonnummer ist 090 ○○ ○○ ○○ ○○ . 私の電話番号は 090 ○○○○です。

★インスタやってる？

Bist du bei Instagram? インスタやってる？ — Ja, natürlich! ええ、もちろん。
— Nein, leider nicht. いいえ、やってません。

INFORMATION

§ 男性弱変化名詞

Student [男] **-en / -en**
単数 1 格以外の語尾が **-[e]n** になる。
例：Junge, Kollege, Mensch, Pianist, Tourist
男の子　同僚　人間　ピアニスト　観光客

	単数形		複数形	
1 格	der	Student	die	Stud**en**t**en**
2 格	des	Student**en**	der	Student**en**
3 格	dem	Student**en**	den	Student**en**
4 格	den	Student**en**	die	Student**en**

§ 返事の仕方 ja と nein と doch

否定語を含まない疑問文に**肯定**で答える → **ja**
否定語を含む疑問文に**肯定**で答える → **doch**
どちらの疑問文であれ**否定**で答える → **nein**

Kommst du heute? → **Ja**, ich komme. はい、行きます。
今日来る？ → **Nein**, ich komme leider **nicht**. いいえ、残念だけど行きません。
Kommst du heute **nicht**? → **Doch**, ich komme. そんなことないです、行きます。
今日来ない？

Lektion 5　人称代名詞・前置詞

1 人称代名詞の3格・4格 (37)

名詞同様、**人称代名詞**にも**性**と**数**と**格**がある。

	単数					複数			2人称（敬称）
	1人称	2人称	3人称			1人称	2人称	3人称	
1格	ich	du	er	es	sie	wir	ihr	sie	Sie
3格	mir	dir	ihm	ihm	ihr	uns	euch	ihnen	Ihnen
4格	mich	dich	ihn	es	sie	uns	euch	sie	Sie

3格 Meine Freunde helfen **mir**.　友人たちが私を助けてくれる。

4格 Ich liebe **dich**.　私は君を愛している。

§ 人称代名詞の3格・4格の語順

(1) 人称代名詞の目的語は名詞の目的語よりも前に置かれる。

Ich schenke **dem Kind**（名3） **das Buch**（名4）.　→　Ich schenke **ihm**（代3） **das Buch**（名4）.

私はその子どもにその本をプレゼントする。

Ich schenke **es**（代4） **dem Kind**（名3）.

(2) 3格と4格目的語が両方とも人称代名詞の場合、語順は4格―3格。

Ich schenke **es**（代4） **ihm**（代3）.

2 前置詞の格支配 (38)

前置詞は特定の格の名詞や代名詞と結びつく。（**前置詞の格支配**）

(1) 3格支配の前置詞

aus	～から	**bei**	～のもとで
mit	～と一緒に／～をつかって	**nach**	～へ／～のあとで
seit	～以来／～前から	**von**	～から／～の
zu	～へ		など

Ich spreche **mit** meinem Vater nur selten.　私は父とはまれにしか話をしない。

Seit einem Jahr wohne ich allein.　一年前から私はひとり暮らしをしている。

（2）４格支配の前置詞

durch	～を通り抜けて	**für**	～のために
gegen	～に反対して／～時ごろ	**ohne**	～なしで
um	～の周りに／～時に		など

Ich danke Ihnen **für** Ihre E-Mail.　　メールをいただき、ありがとうございます。

Wir gehen **durch** den Wald.　　私たちは森を抜けていく。

（3）３・４格支配の前置詞

次の９つの前置詞は、**場所**を示すときは **3 格**、**移動する方向**を示すときは **4 格**を支配する。

an	きわ（で／へ）	**auf**	上（で／へ）	**hinter**	後ろ（で／へ）
in	中（で／へ）	**neben**	となり（で／へ）	**über**	上方（で／へ）
unter	下（で／へ）	**vor**	前（で／へ）	**zwischen**	あいだ（で／へ）

Ich lege das Notebook **auf den Tisch**.（4格）　　私はノートパソコンを机の上に置く。

Das Notebook liegt **auf dem Tisch**.（3格）　　そのノートパソコンは机の上にある。

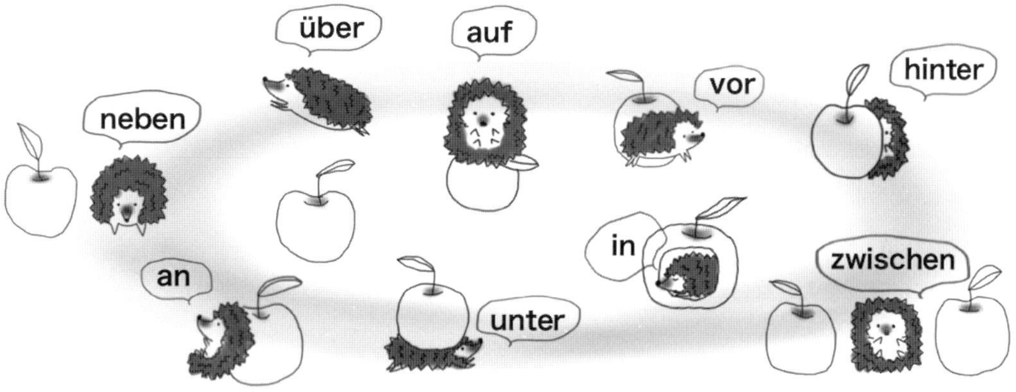

3 前置詞と定冠詞の融合形 39

前置詞は定冠詞と融合する場合がある。

前置詞＋ **dem**	**am**	(an + dem)	**beim**	(bei + dem)	**im**	(in + dem)
	vom	(von + dem)	**zum**	(zu + dem)		
前置詞＋ **das**	**ans**	(an + das)	**ins**	(in + das)		
前置詞＋ **der**	**zur**	(zu + der)				

など

Sie fährt **am** Wochenende **ans** Meer.　　彼女は週末、海へ行く。

Im Supermarkt kaufe ich Obst und Gemüse.　　スーパーで私は果物と野菜を買う。

Übungen 5

1. 下線部の語を人称代名詞にして______に入れなさい。 40

(1) Sie hat <u>einen Hund</u>. ______ heißt Rex.
　彼女は犬を一匹飼っている。その犬の名前はレックスという。

(2) Ich kaufe <u>einen Apfel</u> und gebe ______ dem Kind.
　私はリンゴをひとつ買って、それをその子どもにあげる。

(3) Sie schenkt <u>Bruno</u> das Hemd. Denn das steht ______ wohl gut.
　彼女はブルーノにそのシャツをプレゼントする。それは彼にたぶんよく似合うだろうから。(stehen [自]　人^{3}に似合う)

(4) <u>Wir</u> helfen Touristen. Sie danken ______ .
　私たちは観光客たちを助ける。彼らは私たちにお礼を言う。

(5) <u>Meine Großmutter</u> braucht <u>ihre Brille</u>. Ich bringe ______ ______ .
　おばあちゃんはメガネを必要としている。私はそれを彼女に持っていく。

2. ______に冠詞を入れなさい。 41

(1) Nach d______ Essen[中] trinken sie meistens Kaffee.　食後に彼らはたいていコーヒーを飲む。

(2) Sie arbeitet jetzt bei e______ Firma[女] in München.　彼女は今ミュンヘンの会社で働いている。

(3) Wir kommen mit d______ U-Bahn[女] zu Ihnen.　私たちは地下鉄であなたのところに行きます。

(4) Ihr Mann reist als Geschäftsmann durch d______ Welt.[女]　彼女の夫はビジネスマンとして世界中を回っている。

(5) Jeden Sonntag trainiert er für d______ Marathon.[男]　毎週日曜日、彼はマラソンのためにトレーニングする。

man は主語が不特定の人であることを示す。(3人称単数扱い)

3. (　) に定冠詞を入れなさい。 42

(1) Auf (　　) Tisch[男] liegt ein Bild.　机の上に一枚の絵がある。

(2) Ich hänge das Bild an (　　) Wand.[女]　私はその絵を壁に掛ける。

(3) Auf (　　) Bild[中] sieht man eine Vase mit Blumen.　その絵には花がいけられた花瓶が描かれている。

(4) Neben (　　) Vase[女] steht ein Weinglas.　花瓶の横にワイングラスがある。

(5) Ich stelle das Weinglas in (　　) Schrank.[男]　私はワイングラスを戸棚の中に置く。

4. (　) にふさわしい語を選択肢から選んで書きなさい。 43

am　ans　im　ins　zum　zur

(1) Peter geht (　　) Post[女] und schickt eine Postkarte.　ペーターは郵便局に行って、はがきを出す。

(2) (　　) Bahnhof[男] trifft er seinen Freund Felix.　駅で彼は友人のフェリックスに会う。

(3) Und sie gehen zusammen (　　) Kino.[中]　そして彼らは一緒に映画を観に行く。

(4) Danach essen sie (　　) Restaurant[中] zu Abend.　そのあと彼らはレストランで夕食をとる。

(zu Abend essen　夕食をとる)

5. ドイツ語で書きなさい。 44

(1) ルナは長いあいだ停留所でバスを待っている。
Luna / lange / an / die Haltestelle / der Bus / auf ～^{4} warten ～を待つ

(2) 今年の夏休み、私はスイスに行く。
in / diese Sommerferien / in / die Schweiz / fliegen（飛行機で）行く

(3) 夕方、シュテファンはガールフレンドとコンサートに行く。
am Abend / Stephan / mit / seine Freundin / ins Konzert gehen

(4) ある観光客が私に博物館への道を尋ねる。
ein Tourist / der Weg / zum Museum / 人^{4} nach ～^{3} fragen 人に～を尋ねる

Sprechen wir!

45

★これ、どう思う？

Wie findest du **diesen Kuli**? — Ich finde ihn **sehr gut** / **nicht gut** / **hässlich**.

▶ dieses Etui, diese Uhr, diese Brille, diesen Rock, dieses T-Shirt, diese Hose
▶ toll, super, schön, sehr gut, gut, nicht so gut, nicht gut, hässlich

INFORMATION

§ nicht の位置

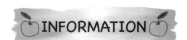

(1) 動詞を否定する場合、nicht は原則として文末。

dich nicht lieben → Sie liebt dich **nicht**. 彼女は君を愛していない。

(2) 動詞と結びつきの強い語（句）がある場合、nicht はその語（句）の前。

nicht ins Kino gehen → Sie geht **nicht** ins Kino. 彼女は映画に行かない。
nicht Tennis spielen → Sie spielt **nicht** Tennis. 彼女はテニスをしない。

§ 2格支配の前置詞

[an]statt	～の代わりに	**trotz**	～にもかかわらず	
während	～のあいだ	**wegen**	～のために	など

Wegen des Regens bleiben wir zu Hause. 雨なので私たちは家に留まる。
Statt meines Vaters besuche ich meinen Onkel. 父の代りに私は叔父を訪ねる。

2格支配の前置詞は現在では3格で置き換えられる場合が多い。

Lektion 6　話法の助動詞・未来形

1 話法の助動詞 46

mögen の接続法（→ L13）

	能力・可能	許可	推量	義務・必然	主語以外の意志	主語の意志	願望
	können ～できる	**dürfen** ～してよい	**mögen** ～かもしれない	**müssen** ～しなければならない	**sollen** ～すべきだ	**wollen** ～するつもりである	**möchte** ～したい
ich	**kann**	**darf**	**mag**	**muss**	**soll**	**will**	**möchte**
du	**kannst**	**darfst**	**magst**	**musst**	**sollst**	**willst**	**möchtest**
er/es/sie	**kann**	**darf**	**mag**	**muss**	**soll**	**will**	**möchte**
wir	können	dürfen	mögen	müssen	sollen	wollen	**möchten**
ihr	könnt	dürft	mögt	müsst	sollt	wollt	**möchtet**
sie/Sie	können	dürfen	mögen	müssen	sollen	wollen	**möchten**

（1）話法の助動詞の構文

不定詞句　　動詞（不定詞）＋ 話法の助動詞

gut Klavier **spielen** **können**　上手にピアノを弾くことができる

（gut Klavier spielen　上手にピアノを弾く）

文（枠構造）　・・・ 話法の助動詞（定形） ・・・ ・・・ ・・・ 動詞（不定詞）

定形２番目　枠構造　文末

Er **kann** gut Klavier **spielen**.　彼は上手にピアノを弾くことができる。

（2）話法の助動詞の用法

können　Sie **kann** sehr gut **singen**.　彼女はとても上手に歌うことができる。
Er **kann** krank **sein**.　彼は病気かもしれない。

dürfen　**Darf** ich hier **fotografieren**?　ここで写真を撮ってもよろしいですか？
Hier **darf** man nicht **rauchen**.　ここは禁煙です。（否定文：禁止）

mögen　Er **mag** Recht **haben**.　彼が正しいのかもしれない。

müssen　Wir **müssen** schon ins Bett **gehen**.　私たちはもう寝なければならない。
Ihr **müsst** noch nicht ins Bett **gehen**.　君たちはまだ寝なくていいよ。
（否定文：～する必要はない）

Der Hund **muss** krank **sein**.　その犬は病気にちがいない。

sollen	**Soll** ich Ihnen **helfen**?	お手伝いしましょうか？
	Ihr **sollt** früh ins Bett **gehen**.	あなたたち、早く寝なさい。
wollen	Im Sommer **will** ich nach Deutschland **fliegen**.	夏に私はドイツに行くつもりです。
möchte	Was **möchtest** du **trinken**?	君は何を飲みたい？

（3）話法の助動詞の単独用法

本動詞がなくても意味が通じる場合には、本動詞は**省略**されることがある。

Ich **muss** schon nach Hause. 私はもう帰らなければならない。

Daniel **kann** gut Japanisch. ダニエルは日本語がうまい。

Möchten Sie Tee? 紅茶をお飲みになりますか？

本動詞としての mögen **〜が好き**

Ich **mag** Currywurst. 私はカレーソーセージが好きです。

2 未来形：未来・推量の助動詞 werden

47

（1）未来形の構文

不定詞句　　動詞（不定詞） ＋ **werden**

ich	werde	wir	werden
du	**wirst**	ihr	werdet
er/es/sie	**wird**	sie/Sie	werden

文（枠構造）　・・・ **werden**（定形） ・・・ ・・・ ・・・ 動詞（不定詞）

定形２番目　　枠構造　　文末

（2）未来形の用法

未来形は現時点で確定していない事柄についての**「予定」「推量」「決意」「要請」**などをあらわすことが多い。

Nächste Woche **werden** sie eine Reise **machen**. 来週、彼らは旅行に行くだろう。（予定）

Er **wird** jetzt zu Hause **sein**. 彼は今、家にいるだろう。（推量）

Ich **werde** das nie **vergessen**. 私はそのことを決して忘れない。（決意）

Du **wirst** sofort zu mir **kommen**! すぐに私のところへ来なさい！（要請）

確定している未来の事柄は**現在形**で表現することが多い。

Morgen **fahre** ich nach Hamburg. 明日、私はハンブルクに行きます。

Übungen 6

1. [ ] の助動詞を適切な形にして＿＿＿に入れなさい。 48

(1) Mein Vater ＿＿＿＿ sehr gut Flöte spielen. [können]
私の父はとても上手にフルートを吹くことができる。

(2) Hier ＿＿＿＿ man nicht parken. [dürfen]
ここに駐車してはいけない。

(3) Wir ＿＿＿＿ für die Prüfung lernen. [müssen]
私たちは試験のために勉強しなければならない。

(4) ＿＿＿＿ ich das Fenster öffnen? [sollen]
窓を開けましょうか？

(5) ＿＿＿＿ du Käse essen? [möchte]
チーズを食べたいですか？

(6) Was ＿＿＿＿ ihr studieren? [wollen]
君たちは何を大学で専攻するつもりですか？

2. [ ] の助動詞をもちいて文を書き換え、訳しなさい。 49

(1) Du machst jetzt deine Hausaufgaben. [müssen]

ドイツ語:

日本語：

(2) Wir fahren in den Ferien nach Berlin. [wollen]

ドイツ語:

日本語：

(3) Heute esse ich zu Abend italienisch. [möchte]

ドイツ語:

日本語：

(4) Für eure Gesundheit trinkt ihr viel Wasser. [sollen]

ドイツ語:

日本語：

(5) Sie spricht gut Spanisch. [können]

ドイツ語:

日本語：

(6) Morgen kommt er wohl nicht. [werden]

ドイツ語:

日本語：

3. ドイツ語で書きなさい。 50

(1) ペーターは中国語と、少し日本語を話すことができる。
Peter / Chinesisch / und / ein bisschen Japanisch / sprechen

(2) 妹はドイツに留学するつもりだ。
meine Schwester / in Deutschland studieren

(3) 物理学は人間を助けるものでなければならない。
Physik / die Menschen / 人^{3} helfen

(4) 今晩、私たちは君たちと一緒に芝居を観に行きたい。
heute Abend / mit 人^{3} / ins Theater gehen

(5) 私は明日までにゼミレポートを書かなければならない。
bis morgen / eine Seminararbeit schreiben

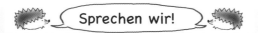

Sprechen wir!

51

★今日何したい？

Wollen wir heute **einkaufen gehen**? — Das klingt toll, aber leider muss ich **Hausaufgaben machen**.
— Nein, ich habe keine Zeit. Ich muss **Wäsche waschen**.

▶【ins Kino / ins Theater / ins Museum / ins Konzert / schwimmen / zum Karaoke】gehen
▶ eine Seminararbeit schreiben, für die Prüfung lernen, jobben, mein Zimmer putzen

INFORMATION

§ Wollen wir ～？　～しましょうか／しませんか（提案）

Wollen wir eine Pause machen?　休憩しましょうか？

§ können は「できる」だけではない。

Das **kann** doch nicht wahr sein.　そんなのありえない。
Können Sie bitte die Tür schließen?　ドアを閉めていただけますか？（丁寧な依頼）
Du **kannst** schon gehen.　もう行ってかまわないよ。（許可）

§ wissen 他 知っている

ich	weiß	wir	wissen
du	weißt	ihr	wisst
er/es/sie	weiß	sie/Sie	wissen

Lektion 7　分離動詞・非分離動詞・接続詞

1 分離動詞

52

前つづりにアクセントがある。

分離動詞 ＝ **分離の前つづり** ＋ **基礎動詞**

前つづりが**分離する**動詞を**分離動詞**という。

辞書表記：an|kommen

不定詞　**aufstehen**　起きる　←　stehen（立って）いる

ankommen　到着する　←　kommen　来る

文　Ich **stehe** um 7 Uhr **auf**.　私は 7 時に起きる。
（stehe：動詞の定形、auf：前つづり）

Der Zug **kommt** bald in München **an**.　列車はまもなくミュンヘンに到着する。

主な分離の前つづり：ab-, an-, auf-, aus-, ein-, mit-, nach-, vor-, zu-, zurück-

2 非分離動詞

53

前つづりにアクセントがない。

非分離動詞 ＝ **非分離の前つづり＋基礎動詞**

前つづりが**分離しない**動詞を**非分離動詞**という。

不定詞　**bekommen**　手に入れる

verstehen　理解する

文　Das Kind **bekommt** zum Geburtstag ein Fahrrad.　その子どもは誕生日に自転車をもらう。

Ich **verstehe** dich nicht.　私には君の言っていることが分からない。

主な非分離の前つづり：**be-, emp-, ent-, er-, ge-, ver-, zer-**

その他：**durch-, hinter-, über-, um-, unter-, voll-, wider-, wieder-** などは、分離動詞の前つづりにも非分離動詞の前つづりにも使われる。

（分離）　über|setzen：Der Fährmann **setzt** uns **über**.　渡し守が私たちを向こう岸に渡す。
（非分離）übersetzen：Ich **übersetze** den Roman ins Japanische.　私はその小説を日本語に翻訳する。

3 接続詞

54

（1）並列の接続詞

und そして	aber しかし	oder あるいは	denn というのは
sondern（nicht A, sondern B）A ではなく、B である			など

文と文を結ぶ並列の接続詞は語順に影響を与えない。（動詞の定形は 2 番目）

Meine Schwester **ist** 21 Jahre alt **und** ich **bin** 16. 姉は 21 歳で、私は16 歳です。
（ist：定形２番目　bin：定形２番目）

Das Haus ist alt, **aber** schön. その家は古い、でも美しい。

Sie spielt **nicht** Geige, **sondern** Cello. 彼女が演奏するのはバイオリンではなく、チェロだ。

（2）従属の接続詞

als ～したとき	da ～なので	dass ～ということ
seit ～以来	ob ～かどうか	obwohl ～にもかかわらず
wenn もし～ならば	während ～する間に	weil ～なので　など

1 従属の接続詞は**副文**を導く。副文内では動詞の**定形が末尾**におかれる。

Ich **habe** Fieber. 私は熱がある。

副文 **weil** ich Fieber **habe**（枠）

副文が接続する文を**主文**という。

Ich bleibe heute zu Hause, **weil** ich Fieber **habe**. 私は熱があるので、今日は家にいる。
（主文：Ich bleibe heute zu Hause　副文：weil ich Fieber habe）

主文と副文は必ず**コンマ（ , ）**で区切る。

2 副文が主文の前にある場合、主文は動詞の定形から始める。

Weil ich Fieber **habe**, **bleibe** ich heute zu Hause.
（副文：Weil ich Fieber habe　主文：bleibe ich heute zu Hause）

3 副文では分離動詞の前つづりと定形は分離しない。

Ich weiß, **dass** sie jetzt am Sprachkurs **teilnimmt**.
（主文：Ich weiß　副文：dass sie jetzt am Sprachkurs teilnimmt）

私は、今彼女が語学コースに参加していることを知っている。

(Sie **nimmt** jetzt am Sprachkurs **teil**.)

4 話法の助動詞を含む副文では、定形の助動詞が最後に置かれる。

Wenn du in Deutschland **studieren** **willst**, sollst du intensiv Deutsch lernen.

ドイツに留学するつもりなら、ドイツ語をしっかり勉強したほうがいいよ。

(Du **willst** in Deutschland **studieren**.)

Übungen 7

1. 動詞の不定詞を書きなさい。 55

(1) Wegen des Jetlags steht Naomi sehr früh auf. (　　　　　　)
時差ぼけのせいでナオミはとても早く起きる。

(2) Sie steigt in einen Zug nach Berlin Hauptbahnhof ein. (　　　　　　)
彼女はベルリン中央駅行きの電車に乗る。

(3) In zehn Minuten kommt der Zug in Berlin Hauptbahnhof an. (　　　　　　)
10 分で電車はベルリン中央駅に到着する。

(4) Am Nachmittag besucht sie die Museumsinsel. (　　　　　　)
午後、彼女は博物館島を訪れる。

2. [　] の動詞を使って ……… に適切な語を入れなさい。 56

(1) ……… du an einer Führung im Bode-Museum ………? [teil|nehmen]
君はボーデ博物館のガイドツアーに参加するの？

(2) Spät am Abend ……… Laura und Philipp ins Hotel ……… . [zurück|kommen]
夕方遅く、ラウラとフィリップはホテルに帰る。

(3) Nach dem Duschen ……… ich meine Freundin Klara ……… . [an|rufen]
シャワーを浴びたあと、私は友人のクララに電話する。

(4) Bis 23 Uhr ……… Naomi im Wohnzimmer ……… . [fern|sehen]
23 時までナオミは居間でテレビを見る。

3. [　] の従属接続詞を使って、二つの文をつなぎなさい。 57

(1) In der Ferne sieht man die Alpen. Das Wetter ist schön. [wenn]
天気がよければ、遠くにアルプスが見える。

………………………………………………………………

(2) Die Kinder spielen Fußball. Es regnet. [obwohl]
雨が降っているのに、子どもたちはサッカーをしている。

………………………………………………………………

(3) Es ist schon das dritte Mal. Du machst die Hausaufgaben nicht. [dass]
宿題をやってこないのは、これで３度目だよ。

………………………………………………………………

(4) Ich kann nicht zur Party gehen. Ich muss morgen ein Referat halten. [weil]
明日発表しなければならないので、パーティーに行くことができない。

………………………………………………………………

4. ドイツ語で書きなさい。 58

(1) 午前中に私は部屋を片付ける。
am Vormittag / mein Zimmer / auf|räumen

(2) 彼はなんだか眠そうに見える。
etwas / müde / aus|sehen

(3) 食べ終わったら彼が食器を洗い、そして私がそれを拭く。
nach dem Essen / das Geschirr spülen / und / es ab|trocknen

(4) 部屋を出るときは、電気を消してください。
wenn / das Zimmer verlassen / bitte / das Licht aus|schalten（敬称２人称 Sie で）

Sprechen wir!

59

★一緒に行く？

Am Wochenende gehen wir ins Kino. Kommst du mit? (→ L6 „Sprechen wir“)

Ja, gern! Super! Ich komme mit.
Schade! Ich habe keine Zeit. / Ich habe schon etwas vor.

INFORMATION

§ es の用法

es は**中性名詞**を指すだけでなく、**前文の語句や内容、後続の語句や文の先取り**など、さまざまなものを指す。

Es ist wichtig, **dass** die Leute dabei sind.　人びとが参加することが重要だ。

§ 非人称の es

特定のものを示さない**非人称の es** を主語とする表現がある。

時	Es ist neun Uhr.　9時です。
天候・気象	Es regnet.　雨が降る。　Heute ist es kalt.　今日は寒い。
感覚的・心理的	Es ist mir kalt.　(私は)寒い。　Es graut mir.　怖い。 = Mir ist kalt.　= Mir graut.　(es は文頭以外では省略)
音・匂い	Es klopft an der Tür.　ドアをノックする音がする。 Es duftet nach Rosen.　バラの香りがする。
熟語	**es gibt ＋ 4 格**　～がある。 In dieser Stadt gibt es einen Uhrturm.　この街には時計塔がひとつある。

Lektion 8　動詞の３基本形・過去形

1 動詞の３基本形

動詞の**不定詞**、**過去基本形**、**過去分詞**を動詞の３基本形という。

	不定詞	過去基本形	過去分詞
規則変化	□ en／n	□ te	ge □ t
	lernen	lernte	gelernt
不規則変化	□ en／n	□	ge □ en
	kommen	kam	gekommen
不規則変化（混合）	□ en／n	□ te	ge □ t
	denken	dachte	gedacht

（１）重要な動詞の３基本形

不定詞	過去基本形	過去分詞
sein	war	gewesen
haben	hatte	gehabt
werden	wurde	geworden

（２）過去分詞で注意が必要な動詞

1 **分離動詞の過去分詞→ 前つづり 過去分詞**

不定詞　　過去分詞

zumachen ➡ **zugemacht**

ankommen ➡ **angekommen**

辞書の表記　zu|machen [machte ... zu, zugemacht], an|kommen [kam ... an, angekommen]

2 **非分離動詞の過去分詞→ ge- がつかない**

不定詞　　過去分詞

besuchen ➡ **besucht**　(suchen → gesucht)

verstehen ➡ **verstanden**　(stehen → gestanden)

辞書の表記　besuchen [besuchte, besucht], verstehen [verstand, verstanden]

2 過去形 60

過去形は物語・歴史・記事などで、過去の事柄を述べるために使われる。

(1) 過去人称変化

過去形は現在形と同様、主語に応じて語尾変化し定形となる。

過去形の変化語尾

ich	—
du	**—st**
er/es/sie	—
wir	**—n/en**
ihr	**—t**
sie/Sie	**—n/en**

過去形の人称変化

過去基本形 (不定形)	**lernte** (lernen)	**war** (sein)	**hatte** (haben)	**wurde** (werden)	**arbeitete** (arbeiten)
ich	lernte	war	hatte	wurde	arbeitete
du	lernte**st**	war**st**	hatte**st**	wurde**st**	arbeitete**st**
er/es/sie	lernte	war	hatte	wurde	arbeitete
wir	lernte**n**	ware**n**	hatte**n**	wurde**n**	arbeitete**n**
ihr	lernte**t**	war**t**	hatte**t**	wurde**t**	arbeitete**t**
sie/Sie	lernte**n**	ware**n**	hatte**n**	wurde**n**	arbeitete**n**

(2) 過去形の用法

1 一般動詞の過去形

(現在形) Er **fährt** nach Deutschland. 彼はドイツに行きます。
(過去形) Er **fuhr** nach Deutschland. 彼はドイツに行きました。

2 話法の助動詞の過去形

(現在形) Ich **kann** nicht Klavier spielen. 私はピアノを弾くことができない。
(過去形) Ich **konnte** nicht Klavier spielen. 私はピアノを弾くことができなかった。

3 分離動詞の過去形

(現在形) Thomas **kommt** um 15 Uhr in Tokyo **an**. トーマスは 15 時に東京に到着する。
(過去形) Thomas **kam** um 15 Uhr in Tokyo **an**. トーマスは 15 時に東京に到着した。

4 非分離動詞の過去形

(現在形) Die Kanzlerin **besucht** die USA. 首相はアメリカを訪問する。
(過去形) Die Kanzlerin **besuchte** die USA. 首相はアメリカを訪問した。

5 副文における過去形

(現在形) Ich weiß nicht, warum Hanna so traurig **ist**.
どうしてハンナがそんなに悲しんでいるのか、私は知らない。
(過去形) Ich weiß nicht, warum Hanna so traurig **war**.
どうしてハンナがそんなに悲しんでいたのか、私は知らない。

Übungen 8

1. 3基本形を書きなさい。

	不定詞	過去基本形	過去分詞
(1)	suchen	______	______
(2)	warten	______	______
(3)	gehen	______	______
(4)	stehen	______	______

2. 3基本形を書きなさい。

	不定詞	過去基本形	過去分詞
(1)	auf|stehen	______	______
(2)	beginnen	______	______
(3)	studieren	______	______
(4)	dürfen	______	______

3. [ ] の不定詞を過去形にして______に入れなさい。 61

(1) Der Schüler ______ ein Buch suchen. [müssen] その生徒はある本を探さねばならなかった。

(2) Deshalb ______ er eine Bibliothek. [besuchen] そのため彼は図書館を訪れた。

(3) Dort ______ er einen Bibliothekar nach dem Buch. [fragen] そこで彼は司書にその本について尋ねた。

4. 次の現在形の文を過去形の文になるよう______に語を入れなさい。 62

(1) Ich bin jetzt Studentin. 私は今、大学生です。
→ Ich ______ damals Studentin. 私は当時、大学生でした。

(2) Mein Freund hat heute keine Zeit. 私のカレは今日、暇がない。
→ Mein Freund ______ gestern keine Zeit. 私のカレは昨日、暇がなかった。

(3) Sie ziehen bald um. 彼らはもうすぐ引っ越す。
→ Sie ______ vor zwei Wochen ______ . 彼らは二週間前に引っ越した。

(4) Wir können morgen nach Deutschland abfliegen. 私たちは明日ドイツに旅立つことができる。
→ Wir ______ endlich nach Deutschland ______ . 私たちはついにドイツに旅立つことができた。

5. ドイツ語で書きなさい。 63

(1) 私たちはこのホテルにとても満足していた。
dieses Hotel / sehr / mit ～^{3} zufrieden sein ～に満足している)

(2) 彼女は夏休みに家族でスイスに行くつもりだった。
sie / in den Sommerferien / mit ihrer Familie / in die Schweiz fahren / wollen

(3) 小さいとき私はウサギを一匹飼っていた。
als（従属の接続詞）/ klein / sein / ein Kaninchen / haben

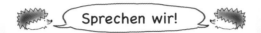

Sprechen wir!

64

★今、何時？

Wie viel Uhr ist es jetzt?
Wie spät ist es jetzt?
— Es ist **14 Uhr / 2 (Uhr)**.

Um wie viel Uhr beginnt das Konzert? — Es beginnt **um 19 Uhr**.

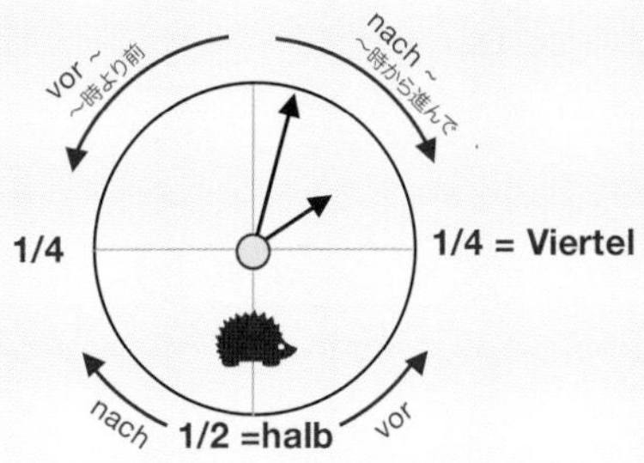

	24 時間制	12 時間制
14:00	vierzehn Uhr	zwei (Uhr)
14:05	vierzehn Uhr fünf	fünf nach zwei
14:15	vierzehn Uhr fünfzehn	Viertel nach zwei
14:30	vierzehn Uhr dreißig	halb drei
14:45	vierzehn Uhr fünfundvierzig	Viertel vor drei
14:55	vierzehn Uhr fünfundfünfzig	fünf vor drei

INFORMATION

§ 過去分詞で ge- がつかない動詞～ ieren

studieren → studier**te** → studier**t**
fotografieren → fotografier**te** → fotografier**t**
telefonieren → telefonier**te** → telefonier**t**

§ 話法の助動詞の過去分詞

助動詞として　können → konnte → **können**
本動詞として　können → konnte → **gekonnt**

Lektion 9 完了形・受動形

1 現在完了形 65

現在完了形は主に日常会話で過去の事柄について話すときに使われる。

sein, haben, 語法の助動詞は日常会話でも過去形が使われる。

完了の不定詞 ＝ 過去分詞 ＋ 完了の助動詞 haben / sein

（1）haben か sein か

haben **支配**：**他動詞**すべて、**自動詞の大多数**

sein **支配**：**自動詞の一部**

1. **場所の移動**をあらわす自動詞　gehen, fahren, kommen, fliegen など
2. **状態の変化**をあらわす自動詞　werden, sterben など
3. その他　sein, bleiben など

（2）現在完了形の文

不定詞句	Tennis **spielen**	テニスをする
完了の不定詞句	Tennis **gespielt** (過去分詞) **haben** (完了の助動詞)	テニスをした

完了形の文　Mária **hat** (定形２番目) gestern Tennis **gespielt** (過去分詞).　マリアは昨日テニスをした。

副文　Ich weiß nicht, **ob** Maria gestern Tennis **gespielt** **hat**.

マリアが昨日テニスをしたかどうか、私は知らない。

Vorgestern **ist** er in Zürich **angekommen**.　一昨日彼はチューリヒに到着した。

Habt ihr alles **verstanden**?　君たちは全部分かった？

2 受動形 66

受動の不定詞 ＝ 過去分詞 ＋ 受動の助動詞 werden

(1) 他動詞の受動

不定詞句 **geschenkt** **werden** 贈られる（人[3]～[4]schenken 人に～を贈る）

受動文 Das Buch **wird** dem Sohn **geschenkt**. その本は息子に贈られる。

（wird：定形）

dem Sohn das Buch schenken 息子にその本を贈る。
能動形の４格目的語が、受動形の１格主語になる。（３格目的語は主語にならない）

§ von ＋３格（～によって）

Das Buch wird dem Sohn **von seiner Mutter** geschenkt. その本は母親によって息子に贈られる。

手段・原因は durch ＋４格であらわすことができる。
Das Zimmer wird **durch Solarenergie** warm gehalten. この部屋は太陽光エネルギーで暖められる。

(2) 自動詞の受動

不定詞句 mir **geholfen** **werden** 手伝ってもらう

受動文 Mir **wird** beim Umziehen **geholfen**. 引越を手伝ってもらう。

または**非人称の es** を主語とする。**es** は文頭以外では省略される。
Es wird mir beim Umziehen **geholfen**.

(3) 受動の過去形

過去形 助動詞 werden の過去基本形 **wurde** を人称変化させる。
Das Buch **wurde** dem Sohn von seiner Mutter **geschenkt**. その本は母親によって息子に贈られた。

(4) 状態受動

動作の結果が継続する状態をあらわす受動を**状態受動**という。助動詞は **sein** をもちいる。

状態受動の不定詞 ＝ 過去分詞 ＋ 状態受動の助動詞 sein

不定詞句 **geöffnet** **sein**

Die Bäckerei **ist** von 7 bis 17 Uhr **geöffnet**.
パン屋は７時から 17 時まで開いている(開いた状態にある)。

Die Bäckerei **wird** um 7 Uhr **geöffnet**. パン屋は７時に開店する。

Übungen 9

1. [　] の動詞をもちいて現在完了形の文を作りなさい。 67

(1) Nach dem Seminar .... Lisa und ich ins Café .... [gehen]
ゼミのあとリーザと私はカフェに行った。

(2) Ich .... einen Cappuccino .... [bestellen]
私はカプチーノを注文した。

(3) Lisa .... über ihre Reise in den Sommerferien .... [sprechen]
リーザは夏休みの旅行について話した。

(4) Später .... wir am Bahnhof voneinander Abschied .... [nehmen]
そのあと私たちは駅で別れた。

2. 過去形の文を現在完了形に書き換えなさい。 68

(1) Um sieben Uhr stand ich auf. 私は 7 時に起きた。

....

(2) Mit dem Fahrrad fuhr Lena zur Uni. レナは自転車で大学に行った。

....

(3) Ab neun Uhr nahmen wir an einem Seminar teil. 9 時から私たちはゼミに参加した。

....

(4) Sie aßen zusammen in der Mensa zu Mittag. 彼らは一緒に学食でお昼を食べた。

....

3. [　] の動詞をもちいて受動文を作りなさい。 69

(1) Ein Bild .... sehr exakt .... [malen] 絵がとても緻密に描かれる。

(2) Ihr Smartphone .... sofort .... [reparieren].
あなたのスマートフォンはすぐに修理されます。

(3) Der Mann .... gestern .... [operieren] その男性は昨日手術された。

(4) Die Fenster .... immer .... [ab|schließen]
それらの窓はいつも鍵がかけられている。(状態受動)

4. ドイツ語で書きなさい。 70

(1) 1989年にベルリンの壁は崩壊した（現在完了形で）。
1989 / die Berliner Mauer / fallen

(2) たくさん仕事をしたので（現在完了形で）、彼女は疲れている。
müde / sein / weil / viel / arbeiten

(3) その単語はどのように発音されるのですか？
wie / das Wort / aus|sprechen

(4) ベルリン・フンボルト大学は1809年に創設された（受動の過去形で）。
die Humboldt-Universität zu Berlin / im Jahr 1809 / gründen

Sprechen wir!

71

★誕生日は？

Wann hast du Geburtstag? 誕生日はいつですか？

Am 1. Februar habe ich Geburtstag.
私の誕生日は２月１日です。

1. ersten
序数（第１番目の）

INFORMATION

§ 過去完了形の文

過去完了形は、完了の助動詞 haben または sein を過去基本形にして人称変化させる。

過去完了形は、語っている過去の出来事よりも前に起こった出来事、すでに完了している出来事を示す場合にもちいられる。

Als er kam, **hatte** ich das Buch gerade zu Ende **gelesen**.
彼が来たとき、ちょうど私はその本を読み終えたところだった。

§ werden の過去分詞

本動詞として　werden → wurde → geworden
助動詞として　werden → wurde → worden

§ 受動形の現在完了形

完了形の不定詞 = **過去分詞** **worden** **sein**
（過去分詞 worden：受動形　worden sein：完了形）

Der Schüler **ist gelobt worden**.　その生徒はほめられた。

Lektion 10 形容詞

❶ 形容詞の３つの用法

72

⑴ 述語として	Der Vogel ist **schön**.	その鳥は美しい。
⑵ 副詞として	Der Vogel singt **schön**.	その鳥は美しい声で歌う。
⑶ 名詞の付加語として	Der **schöne** Vogel fliegt über das Meer.	その美しい鳥は海を渡る。

❷ 形容詞の格変化

（1）形容詞（強変化）＋名詞

無冠詞の場合、形容詞の語尾は定冠詞類とほぼ同じ。

男性２格と中性２格に注意！

	男性名詞		中性名詞		女性名詞		複数形	
１格	gut**er**	Wein	schön**es**	Wetter	frisch**e**	Luft	nett**e**	Leute
２格	gut**en**	Wein[e]s	schön**en**	Wetters	frisch**er**	Luft	nett**er**	Leute
３格	gut**em**	Wein	schön**em**	Wetter	frisch**er**	Luft	nett**en**	Leuten
４格	gut**en**	Wein	schön**es**	Wetter	frisch**e**	Luft	nett**e**	Leute

（2）定冠詞（類）＋形容詞（弱変化）＋名詞

定冠詞（類）がある場合には形容詞の語尾は、**-e** と **-en** の２種類。

	男性名詞			中性名詞			女性名詞			複数形		
１格	der	weiß**e**	Rock	das	rot**e**	Hemd	die	blau**e**	Hose	die	gelb**en**	Schuhe
２格	des	weiß**en**	Rock[e]s	des	rot**en**	Hemd[e]s	der	blau**en**	Hose	der	gelb**en**	Schuhe
３格	dem	weiß**en**	Rock	dem	rot**en**	Hemd	der	blau**en**	Hose	den	gelb**en**	Schuhen
４格	den	weiß**en**	Rock	das	rot**e**	Hemd	die	blau**e**	Hose	die	gelb**en**	Schuhe

（3）不定冠詞（類）＋形容詞（混合変化）＋名詞

不定冠詞（類）に語尾がない部分では強変化で、それ以外は弱変化。

	男性名詞			中性名詞			女性名詞			複数形		
１格	ein	groß**er**	Tisch	ein	klein**es**	Heft	eine	alt**e**	Brille	meine	neu**en**	Bücher
２格	eines	groß**en**	Tisch[e]s	eines	klein**en**	Heft[e]s	einer	alt**en**	Brille	meiner	neu**en**	Bücher
３格	einem	groß**en**	Tisch	einem	klein**en**	Heft	einer	alt**en**	Brille	meinen	neu**en**	Büchern
４格	einen	groß**en**	Tisch	ein	klein**es**	Heft	eine	alt**e**	Brille	meine	neu**en**	Bücher

3 形容詞と副詞の比較表現

73

規則変化と不規則変化がある。**比較級 -er, 最上級 -st**

原級		比較級	最上級
klein	小さい	klein**er**	klein**st**
groß*	大きい	größ**er**	**größt**
jung	若い	jüng**er**	jüng**st**
alt	古い	ält**er**	ält**est**
kurz	短い	kürz**er**	kürz**est**
lang	長い	läng**er**	läng**st**
gut*	よい	**besser**	**best**
hoch*	高い	**höher**	**höchst**
viel*	多い	**mehr**	**meist**
gern*	好んで	**lieber**	**am liebsten**

＊は不規則変化。

口調を整える **e** を入れる

- 母音 a, o, u はウムラウトすることが多い。
- -d, -t, -s, -ß, -z などで終わる形容詞は最上級で -est になる。

(1) 同等比較 **so** + **形容詞の原級** + **wie** …

Er ist **so alt wie** du. 彼は君と同じ年齢です。

(2) 比較級 **比較級** + **als** …

Sie ist **älter als** du. 彼女は君より年上です。

Was trinkst du **lieber**, Kaffee oder Tee? — Ich trinke **lieber** Kaffee.（副詞）
コーヒーと紅茶、どちらが好き？ コーヒーのほうが好き。

(3) 最上級 **定冠詞（der/das/die）** + **最上級 e（語尾）** / **am + 最上級 en（語尾）**

am～sten とおぼえてもよい。

Sie ist **die jüngste** von uns. 私たちの中では彼女が一番若い。

= Sie ist am **jüngsten** von uns.

Linus läuft am **schnellsten** in der Klasse.（副詞） リーヌスはクラスで一番走るのが速い。

副詞の最上級は am + 最上級 en だけ。

§ 比較級・最上級の付加語的用法

普通の形容詞と同様、比較級・最上級に語尾をつける。

Mein **älterer** Bruder arbeitet bei einer Firma in München.
私の兄はミュンヘンのある企業で働いている。

Die Universität Heidelberg soll die **älteste** Universität Deutschlands sein.
ハイデルベルク大学はドイツで最も古い大学といわれている。

Übungen 10

1. 次の語を格変化させなさい。

(1) deutsches Brot ....

....

....

....

(2) der große Kuchen ....

....

....

....

(3) eine grüne Wiese ....

....

....

....

(4) mein guter Freund ....

....

....

....

(5) seine alten Fotos ....

....

....

....

(6) lange Geschichten ....

....

....

....

2. .... に適切な語尾を入れなさい。 74

(1) Wie gefällt dir meine schwarz.......... Jacke?
私の黒いジャケットどう？

(2) Der nett.......... Fußballprofi schenkt klein.......... Fußballspielern neu.......... Schuhe.
親切なサッカー選手がちびっ子サッカー選手たちに新しいシューズをプレゼントする。

(3) Bei schön.......... Wetter mache ich oft einen lang.......... Spaziergang.
天気が良いときは私はよく長い散歩をします。

(4) Gibt es hier in der Nähe ein gut.......... Restaurant?
この近所にいいレストランはありますか？

(5) Gabi fährt mit dem schick.......... weiß.......... Fahrrad zur Uni.
ガビはおしゃれな白い自転車で大学に行く。

3. [ ] の形容詞を適切な形にして .... に入れなさい。 75

(1) Seine ältere Schwester ist so .... wie ich. [alt]
彼のお姉さんは私と同い年だ。

(2) Japan ist .... als Deutschland und .... als Frankreich. [groß, klein]
日本はドイツより大きく、フランスより小さい。

(3) Er lernt vor dem Examen am .... [fleißig] 彼は試験の前が一番勤勉です。

(4) Peter kann .... Japanisch sprechen als Englisch. [gut]
ペーターは英語よりも日本語を上手に話します。

(5) Der .... Berg in Deutschland ist die Zugspitze. [hoch]
ドイツで最も高い山はツークシュピッツェです。

4. ドイツ語で書きなさい。 76

(1) ドイツの文房具は実用的だ。
deutsch / Schreibwaren / praktisch

(2) トーマスは新しいリュックを買った（現在完了形で）。
Thomas / ein Rucksack / neu / kaufen

(3) 今日は昨日より暖かい。
heute / gestern / es / warm / sein

(4) 私の妹はいつもマンガばかり読んでいる。
Meine Schwester / jung（比較級）/ immer nur / Comics / lesen

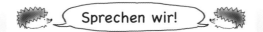

Sprechen wir! 77

★私より何歳年上？年下？

▶ Tony 20　Emma 18　Daniel 19　ich ??　Marie 22　Nina 16

Tony ist 20 (Jahre alt). Er ist 2 Jahre älter als ich.
Emma ist 18 (Jahre alt). Sie ist so alt wie ich.

INFORMATION

§ 形容詞の名詞化

形容詞は、頭文字を大文字にして語尾をつけると、名詞として使うことができる。
（1）男性名詞、女性名詞、複数名詞　→「～な人（たち）」
（2）中性名詞　→「～なもの・こと」

ドイツ人（男性）	ドイツ人（女性）	ドイツ人（複数）	新しいこと
der Deutsche	die Deutsche	die Deutschen	das Neue
ein Deutscher	eine Deutsche	Deutsche	Neues

§ 注意が必要な比較表現

（1）ひとつのものを、異なる条件下で比較する場合は、am ― sten の形しか使えない。
Der Garten ist im Herbst **am schönsten**.　この庭は秋がいちばん美しい。
Der Fluss ist hier **am tiefsten**.　この川はここが一番深い。

（2）**絶対的用法**：比較する対象がなく、ただ**「比較的…である」**（絶対的比較級）、**「きわめて…である」**（絶対的最上級）をあらわす。
Ein **älterer** Mann hat mich nach dem Weg gefragt.　年配の男性が私に道を尋ねた。
Du bist mein **allerbester** Freund!　君はすばらしい友人だ！
（絶対的最上級ではよく aller+ 最上級が使われる）

Lektion 11 再帰代名詞・再帰動詞・zu 不定詞

1 再帰代名詞 78

文中で主語と同じものを指す代名詞を**再帰代名詞**という。
3 人称と敬称 2 人称 Sie の 3・4 格には **sich** をもちいる。それ以外は人称代名詞と同形。

	単数					複数			2 人称（敬称）
	1 人称	2 人称	3 人称			1 人称	2 人称	3 人称	
1 格	ich	du	er	es	sie	wir	ihr	sie	Sie
3 格	mir	dir	ihm	ihm **sich**	ihr	uns	euch	ihnen **sich**	Ihnen
4 格	mich	dich	ihn	es	sie	uns	euch	sie	Sie

Lukas, Thomas, 私の 3 人が鏡をのぞき込んでいます。

【人称代名詞：主語≠目的語】

Lukas sieht mich im Spiegel.
ルーカスは鏡に映る私を見る。

主語ではない彼＝ Thomas

Lukas sieht ihn im Spiegel.
ルーカスは鏡に映る彼を見る。

【再帰代名詞：主語＝目的語】

Ich sehe **mich** im Spiegel.
私は鏡に映る自分自身を見る。

主語＝ Thomas 自身

Thomas sieht **sich** im Spiegel.
トーマスは鏡に映る自分を見る。

その他の例

Er wäscht **sich**. 彼は身体を洗う。 (Er wäscht Wäsche. 彼は洗濯物を洗う。)
Ich frage **mich**. 私は自問する。 (Ich frage den Lehrer. 私は教師に質問する。)

2 再帰動詞 79

再帰代名詞と結びついて熟語をつくる動詞を**再帰動詞**という。

辞書の表記

erinnern 他 人^{4}に思い出させる　　Diese Landschaft erinnert mich an meine Heimat.
この風景は私にふるさとを思い出させる。

再帰 ～を思い出す（sich^4 an ～^{4} erinnern）　　Ich erinnere mich an meine Heimat.
私はふるさとを思い出す。

（1）4 格再帰動詞

sich^4 an ～^{4} erinnern　～を思い出す
sich^4 über ～^{4} freuen　～を喜ぶ
sich^4 setzen　座る
sich^4 auf ～^{4} freuen　～を楽しみにする
sich^4 für ～^{4} interessieren　～に興味がある
sich^4 mit ～^{3} beschäftigen　～に取り組む　など

再帰動詞には特定の前置詞と結びついて熟語を形成するものがある。

Er **setzte sich** auf die Treppenstufe. 彼は階段に座り込んだ。

Das Kind **freut sich** schon auf den Geburtstag. その子は今から誕生日を楽しみにしている。

Ich **interessiere mich** für Umweltpolitik. 私は環境政策に興味があります。

Erinnerst du **dich** noch an deine Kindheit? 子どもの頃のことをまだ覚えている？

再帰動詞は自動詞的な意味になるものが多い。例：$\sim^4$ setzen「座らせる」→ $sich^4$ setzen「座る」

（2）3格再帰動詞

$sich^3 \sim^4$ an|eignen　～を我が物にする　　$sich^3 \sim^4$ ein|bilden　～であると思い込む

$sich^3 \sim^4$ merken　～を覚える　　$sich^3 \sim^4$ vor|stellen　～を想像する　など

Kannst du **dir** deine Zukunft **vorstellen**? 君は将来を想像できる？

Er muss **sich** das **merken**. 彼はそのことを覚えておかなければならない。

3 zu 不定詞

80

動詞の**不定詞**の前に **zu** をおいたものを **zu 不定詞**という。

Deutsch sprechen ➡ Deutsch **zu** sprechen

ドイツ語を話す　　ドイツ語を話すこと

分離動詞の zu 不定詞句

zu を前つづりと基礎動詞で挟みこむ。

in Tokyo ankommen ➡ in Tokyo an**zu**kommen

東京に到着する　　東京に到着すること

（1）主語、目的語として

主語としての zu 不定詞句はコンマで区切らない。

Fließend Deutsch **zu** sprechen ist schwer. ドイツ語をすらすらと話すことは難しい。

＝ **Es** ist schwer, fließend Deutsch **zu** sprechen.

zu 不定詞句を先取りする非人称の es

Er verspricht, mich jeden Tag an**zu**rufen. 彼は私に毎日電話すると約束する。

（2）名詞の付加語として

Hast du Lust, mit mir ins Kino **zu** gehen? 私と一緒に映画に行く気ある？

Sie hatten den Mut, die Wahrheit **zu** sagen. 彼らには真実を言う勇気があった。

（3）um ＋ zu 不定詞などの構文で

Sie fährt nach Paris, **um** Französisch **zu** lernen. フランス語を学ぶために、彼女はパリに行く。

Mein Sohn sieht fern, **ohne** Hausaufgaben gemacht **zu** haben. 宿題をせずに、息子はテレビを見ている。

Statt ein Taxi **zu** nehmen, geht er zu Fuß. タクシーに乗る代わりに、彼は歩いて行く。

Übungen 11

1. (　) に再帰代名詞を入れなさい。 81

(1) Stellen Sie (　　　) bitte auf Deutsch vor!　ドイツ語で自己紹介してください。

(2) Ich freue (　　　) auf die Reise nach Deutschland.
私はドイツ旅行を楽しみにしています。

(3) Stell (　　　) vor, es gibt kein Himmelreich!　想像してごらん、天国なんてないということを！

(4) Warum interessierst du (　　　) nicht für Physik?　なぜ君は物理学に興味がないの？

(5) Sie ärgert (　　　) sehr über sein Benehmen.　彼女は彼の態度にとても腹を立てている。

(6) Vor dem Essen müsst ihr (　　　) die Hände waschen.
食事の前には手を洗わなければいけませんよ。

(7) Ich setzte (　　　) an einen freien Tisch und bestellte (　　　) eine Tasse Kaffee.
私は空いているテーブルに席をとり、コーヒーを注文した。

2. 日本語に訳しなさい。 82

(1) Ich freue mich, Sie kennenzulernen.

(2) Hast du Lust, mit mir ins Konzert zu gehen?

(3) Ich habe versucht, früh aufzustehen.

(4) Ohne ein einziges Wort zu sagen, hat er das Zimmer verlassen.

(5) Wir fahren nach Freiburg, um am Sprachkurs teilzunehmen.

3. ドイツ語で書きなさい。 83

(1) 彼女は彼からはじめてもらったプレゼントのことを今も覚えている。
sich[4] erinnern / an / immer noch / das erste Geschenk von ihm

(2) 寝る前にちゃんと歯を磨きなさい。
vor dem Schlafen / gut / sich[3] die Zähne putzen / sollen / du

(3) そんなに興奮してはだめだ。
sich[4] auf|regen / nicht so / dürfen / du

(4) 私は風邪をひいてしまいました。（現在完了形で）
sich[4] erkälten

Sprechen wir!

84

★～する気／時間ある？

Hast du Lust/Zeit, **ins Kino zu gehen?**

▶ einkaufen gehen, Fußball spielen, das Museum besuchen, zusammen zu Mittag essen, dein Zimmer auf|räumen, in die Stadt mit|fahren, an der Party teil|nehmen

INFORMATION

§ 獲得・所有・関心をあらわす３格

Er kauft **seiner Tochter** das Buch.	彼は娘にその本を買ってあげる。
Er kauft **sich** das Buch.	彼は（自分用に）その本を買う。
Ich wasche **dem Kind** die Hände.	私は子どもの手を洗ってあげる。
Ich wasche **mir** die Hände.	私は手を洗う。

§ 再帰代名詞の相互代名詞的用法

主語が複数の場合、再帰代名詞が「お互いに」を意味することがある。

Wir kennen uns seit zwanzig Jahren.	私たちは20年来の知り合いです。
Die drei Schwestern verstehen sich gut.	三姉妹はお互いによく理解し合っている。

Lektion 12 関係代名詞・指示代名詞

1 定関係代名詞 85

定関係代名詞は前出の名詞（先行詞）を受ける。
《性》と《数》は先行詞と一致、《格》は関係文中での役割によって決まる。

	男性	中性	女性	複数
1格	der	das	die	die
2格	des**sen**	des**sen**	de**ren**	de**ren**
3格	dem	dem	der	de**nen**
4格	den	das	die	die

§ 定関係代名詞の用法

1格 Ich kenne **den Mann**, **der** dort **steht**. あそこに立っている男性を私は知っています。

（主文：Ich kenne den Mann／副文：der dort steht）
関係文の動詞の定形は文末。
関係文は副文（主文と副文はコンマで区切る）。

4格 Ich kenne **den Mann**, **den** du heute **triffst**. 君が今日会う男性を私は知っています。

3格 Ich kenne **den Mann**, **dem** du gerade deine E-Mail-Adresse gegeben **hast**.
君が今ちょうど君のメールアドレスを教えた男性を私は知っています。

前 ＋ **関代** Ich kenne **den Mann**, **mit dem** du gerade gesprochen **hast**.
君が今ちょうど話していた男性を私は知っています。

2格 Ich kenne **den Mann**, **dessen Tochter** in Deutschland **arbeitet**.
娘さんがドイツで働いている男性を私は知っています。

関係代名詞２格は無冠詞名詞の前におく。
→名詞の２格：die Tochter des Mannes

主文の途中に挿入される場合

Der Mann, **der** dort **steht**, ist mein Lehrer. あそこに立っている男性は私の先生です。

（主文：Der Mann, ..., ist mein Lehrer.／副文：der dort steht）

2 指示代名詞 86

指示代名詞は定関係代名詞とほぼ同じ形で格変化し、強い指示性をあらわす。

複数２格には **deren** とは別に、関係代名詞の先行詞としてもちいられる **derer** がある。 使用頻度は低い。

Kennen Sie **den Mann** dort? — Ja, **den** kenne ich.
あそこにいる男性知っている？ — はい、知っています。

Der Hut gefällt mir. **Den** nehme ich. この帽子、気に入りました。これにします。

Heute Abend treffen wir **unseren Chef** und **dessen** Frau.
今晩、私たちは社長とその奥さんに会います。

3 不定関係代名詞 wer と was 87

１格	wer	was
２格	wessen	—
３格	wem	—
４格	wen	was

（1）wer：不特定の人をあらわす副文を作り、先行詞をとらない。

Wer bei der UNO arbeiten will, [der] soll mindestens zwei Fremdsprachen lernen.
国連で働きたい人は、少なくとも外国語を２つ学ぶべきだ。

Wen man liebt, dem glaubt man gern. 人は愛している人の事を信じたがるものだ。

Wer das getan hat, [der] soll sich melden! これをやった者は名乗り出なさい！

指示代名詞は **wer** —, **der**（ときに **wen** —, **den**）のとき省略できる。

（2）was：不特定の《もの》、《こと》をあらわし、先行詞をもたない用法と、もつ用法がある。

1 先行詞をもたない

Was Politiker sagen, [das] ist nicht immer wahr. 政治家の言うことがつねに真実とは限らない。

指示代名詞は **was — das** のとき省略できる。

2 先行詞をもつ

先行詞 中性の代名詞（alles, etwas, nichts, vieles, manches など）
中性名詞化された形容詞（特に最上級）

Das ist **alles**, **was** ich habe. 私が持っているのは、これですべてです。

Das ist **das Interessanteste**, **was** ich je gelesen habe. 私が今まで読んだ中で、これが一番おもしろい。

Übungen 12

1.（　）に適切な定関係代名詞を入れなさい。 88

(1) Das ist die Frau, (　　　　) mir geholfen hat.　この方が私を助けてくれた女性です。

(2) Kennen Sie den Mann, (　　　　) ich gerade eine E-Mail geschickt habe?
私がちょうどいまメールを送った男性のことをあなたは知ってますか？

(3) Die Studentin, (　　　　) Mutter aus Belgien kommt, spricht fließend Französisch.
ベルギー出身の母親をもつその大学生は、フランス語を流ちょうに話す。

(4) Der Film, (　　　　) ich gestern gesehen habe, war sehr langweilig.
私が昨日観た映画はとても退屈だった。

2. 定関係代名詞を使って二つの文をひとつの文にしなさい。 89

(1) Unser Hund hat mein Handy gefunden. Das Handy habe ich seit gestern gesucht.
我が家の犬が、昨日から探していた私の携帯電話を見つけてくれた。

(2) Die Uhr geht immer fünf Minuten nach. Die Uhr hängt an der Wand im Büro.
事務所の壁に掛かっている時計はいつも５分遅れている。

(3) Wie lautet der Titel des Romans? Du hast gestern den Roman gelesen.
昨日君が読んでいた本のタイトルは何ていうの？

(4) In der Nähe gibt es einen kleinen Park. In dem Park kann man eine Grillparty machen.
近所にバーベキューパーティができる小さな公園がある。

3.（　）に指示代名詞を入れなさい。 90

(1) Ich finde meine Brille nicht. (　　　　) habe ich bestimmt zu Hause vergessen.
メガネが見つからない。きっと家に忘れてきたんだね。

(2) Gefällt dir der Computer nicht? — Nein, (　　　　) ist zu teuer.
このコンピューターは気に入らない？　—　うん、これは高すぎる。

(3) Schau mal diese alte Uhr! (　　　　) funktioniert nicht mehr.
この古い時計みてよ！これはもう動かない。

4.（　）に関係副詞か不定関係代名詞を入れなさい。 91

(1) Er verlässt seine Heimat, (　　　　) er achtzehn Jahre gelebt hat.　彼は 18 年暮らした故郷を去る。

(2) Das ist alles, (　　　　) ich jetzt sagen kann.　これが今言うことができるすべてです。

(3) (　　　　) einmal lügt, dem glaubt man nicht.　一度ウソをついた人は信用されないものです。

5. ドイツ語で書きなさい。 92

(1) フランツは週末ごとに彼の父親が暮らすケルンに行く。
Franz / jedes Wochenende / nach Köln fahren / sein Vater / leben

(2) そこでひとり暮らしをしている彼の父親は、今病気だ。
dort / allein wohnen / jetzt / krank sein

(3) 彼はフランツが作るスープが大好きだ（食べるのが好きだ）。
sehr gern die Suppe essen / ～4 kochen

(4) 遠くに世界的に知られるケルン大聖堂が見える。
in der Ferne / man / den Kölner Dom sehen können / weltbekannt sein

Sprechen wir!

93

★それは何でしょう？

Wie heißt das Tier, das **einen langen Hals hat**? — Das ist **eine Giraffe**.

▶ Mäuse fangen, eine lange Nase haben, im Wasser leben, auf Japanisch „Inu" heißen
▶ ein Elefant, ein Fisch, ein Hund, eine Katze

INFORMATION

§ 関係副詞

先行詞が場所や時の場合、wo という関係副詞をもちいることができる。

Die Stadt, **wo** (=in der) ihre Großmutter wohnt, liegt am Rhein.
彼女の祖母が住む街はライン河畔にあります。

Ich erinnere mich gut an die Zeit, **wo** (= in der) ich mit meinen Großeltern war.
祖父母と暮らしていたころのことを私はよく覚えています。

§ 前文を受ける was

was は前文を受けることもある。

Der Mann kommt immer zu spät, was mich ärgert.
その男性はいつも遅刻するが、それが私には腹立たしい。

Lektion 13　接続法

❶ 接続法

これまで学んできた現在形・過去形・現在完了形などの**直説法**が「事実」を表現する話法であるのに対して、**接続法**は**引用・願望・仮定**などを表現する。

❷ 接続法の形

（1）接続法 I 式の人称変化

基本形

不定詞の語幹 ＋ e（sein は例外）

不定詞		lernen	haben	sein
接続法 I 式基本形		**lerne**	**habe**	**sei**
ich	—	lerne	habe	sei
du	—st	lerne**st**	habe**st**	sei[e]**st**
er/es/sie	—	lerne	habe	sei
wir	—n	lerne**n**	habe**n**	sei**en**
ihr	—t	lerne**t**	habe**t**	sei**et**
sie/Sie	—n	lerne**n**	habe**n**	sei**en**

（2）接続法 II 式の人称変化

基本形

1. 規則変化動詞：過去基本形と同形
2. 不規則変化動詞：過去基本形が -e で終わっていなければ -e を追加し、アクセントのある母音 a, o, u はウムラウトさせる。

不定詞 （過去基本形）		**lernen** （lernte）	**haben** （hatte）	**sein** （war）	**werden** （wurde）
接続法 II 式基本形		**lernte**	**hätte**	**wäre**	**würde**
ich	—	lernte	hätte	wäre	würde
du	—st	lernte**st**	hätte**st**	wäre**st**	würde**st**
er/es/sie	—	lernte	hätte	wäre	würde
wir	—n	lernte**n**	hätte**n**	wäre**n**	würde**n**
ihr	—t	lernte**t**	hätte**t**	wäre**t**	würde**t**
sie/Sie	—n	lernte**n**	hätte**n**	wäre**n**	würde**n**

3 接続法の用法 94

（1）接続法 I 式：要求話法

Gott **sei** Dank! ああ、よかった（神に感謝）！

Man **nehme** täglich eine Tablette. 1日1錠服用すること。

（2）接続法 I 式：間接話法

平叙文 Eva sagt/sagte: „Ich besuche heute meine Großmutter."

Eva sagt/sagte, sie **besuche** heute ihre Großmutter.

（= dass sie heute ihre Großmutter **besuche**.）

エーファは言う／言った。「私はきょう祖母を訪ねます。」

主文の動詞と間接引用文の動詞の時制を一致させる必要はない。

疑問文（疑問詞あり） Daniel fragt/fragte sie: „Was isst du gern?"

Daniel fragt/fragte sie, was sie gern **esse**.

ダニエルは彼女に尋ねる／尋ねた。「何を食べるのが好き？」

疑問文（疑問詞なし） Eva fragt/fragte mich: „Ist der Lehrer nett?"

Eva fragt/fragte mich, ob der Lehrer nett **sei**.

エーファは私に尋ねる／尋ねた。「その先生は親切ですか？」

I 式が直説法と同形になる場合には II 式で代用することもある。

Er fragte mich, wohin ich **ginge［gehe］**. 彼は私がどこに行くのか尋ねた。

（3）接続法 II 式：非現実話法

前提部（仮定部） / 結論部

Wenn ich Zeit **hätte**, **reiste** ich ins Ausland. 時間があれば海外旅行に行くのに。

1 sein, haben, werden, 話法の助動詞以外では **［würde ･･･ 不定詞］** をもちいることが多い。

（未来形→ L6）

Wenn ich Zeit **hätte, würde** ich ins Ausland reisen.

Wenn du noch früher aufstehen **würdest, könntest** du frühstücken.

君はもっと早起きすれば朝食をとれるのに。

2 前提部のみで願望を表現することがある。

Wenn ich mehr Zeit **hätte**! もっと時間があればいいのに。

（4）接続法 II 式：外交的表現

控えめな要求・丁寧な依頼

Ich **hätte** gerne einen Cappuccino. カプチーノをいただきたいのですが。

Ich **hätte** eine Bitte. お願いがあるのですが。

Könnten Sie mir bitte Ihre E-Mail-Adresse geben? あなたのメールアドレスを教えていただけますか？

Übungen 13

1. 接続法 I 式の人称変化表を完成させなさい。

kommen			
ich	komme	wir	
du		ihr	
er		sie/Sie	kommen

geben			
ich		wir	geben
du		ihr	gebet
er		sie/Sie	

2. 直接話法を間接話法に書き換えなさい。 95

(1) Marie sagt: „Ich habe heute keine Zeit, ins Kino zu gehen."
→ Marie sagt, ……………………

(2) Er fragte sein Kind: „Hast du Durst?"
→ Er fragte sein Kind, ……………………

(3) Sie fragt: „Wann fängt das Konzert an?"
→ Sie fragt, ……………………

3. 接続法 II 式の人称変化表を完成させなさい。

sehen			
ich		wir	sähen
du	sähest	ihr	
er		sie/Sie	

wissen			
ich	wüsste	wir	
du		ihr	wüsstet
er	wüsste	sie/Sie	

4. [ ] の動詞を用いて、接続法 II 式で表現しなさい。 96

(1) Wenn ich Geld (   ), (   ) ich diese schöne Tasche (   ).
もしお金があったら、このすてきなバッグを買うのに。 [haben / kaufen]

(2) Wenn das Wetter schön (   ), (   ) wir gern spazieren (   ).
もし天気が良かったら、散歩に行くのに。 [sein / gehen]

(3) Wenn du heute kein Auto (   ) (   ), (   ) du Wein (   ).
君は今日車を運転する必要がないのなら、ワイン飲めるのにね。 [fahren / müssen / können / trinken]

(4) (   ) Sie mir bitte die Fotos (   )?
写真を見せていただけますか？ [können / zeigen]

5. ドイツ語で書きなさい。 97

(1) 彼は、ひどい風邪をひいていると言った。
sagen / stark erkältet sein

(2) このセーターがこんなに高くなければ、買うのに。
wenn / dieser Pullover / nicht so teuer / kaufen

(3) 彼女に電話できたらいいのに。
es wäre so schön / wenn / an|rufen können

(4) 駅までの道を教えていただけませんか？
bitte / mir sagen können / wie / zum Bahnhof kommen

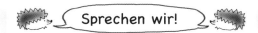

Sprechen wir! 98

★～してくれない？

Würdest / Könntest du bitte mal **zuhören**?

▶ das Zimmer auf|räumen, Geschirr ab|spülen, die Tasche halten, das Salz bringen, das Fenster öffnen/schließen

INFORMATION

§ 接続法の時制

接続法では、過去の事柄は現在完了の形であらわす。

Sie sagt, dass sie damals glücklich **gewesen sei**. 彼女は、あの頃は幸せだったと言っている。

Er sagt, dass er schon die Hausaufgaben **gemacht habe**. 彼は、もう宿題を済ませたと言っている。

Wenn ich damals Zeit **gehabt hätte, hätte** ich gern Museen **besucht**. もし当時時間があったら、美術館に通っただろう。

Wenn ich damals gesund **gewesen wäre, wäre** ich viel **gereist**. もしあの頃健康だったら、たくさん旅をしたのに。

§ wenn の省略

前提部の wenn が省略されると、動詞の定形が文頭にくる。

Hätte ich Zeit, **würde** ich Italienisch lernen. 時間があれば、イタリア語を勉強するのに。
(= Wenn ich Zeit **hätte, würde** ich Italienisch lernen.)

主要不規則動詞変化表

不定詞	直説法現在	過去基本形	接続法第 2 式	過去分詞
backen (パンなどを)焼く	*du* bäckst (backst) *er* bäckt (backt)	**backte**	backte	**gebacken**
befehlen 命令する	*du* befiehlst *er* befiehlt	**befahl**	beföhle (befähle)	**befohlen**
beginnen 始める，始まる		**begann**	begänne (begönne)	**begonnen**
bieten 提供する		**bot**	böte	**geboten**
binden 結ぶ		**band**	bände	**gebunden**
bitten たのむ		**bat**	bäte	**gebeten**
bleiben とどまる		**blieb**	bliebe	**geblieben**
braten (肉などを)焼く	*du* brätst *er* brät	**briet**	briete	**gebraten**
brechen 破る，折る	*du* brichst *er* bricht	**brach**	bräche	**gebrochen**
brennen 燃える		**brannte**	brennte	**gebrannt**
bringen 持って来る		**brachte**	brächte	**gebracht**
denken 考える		**dachte**	dächte	**gedacht**
dürfen …してもよい	*ich* darf *du* darfst *er* darf	**durfte**	dürfte	**gedurft** **dürfen**
empfehlen 推薦する	*du* empfiehlst *er* empfiehlt	**empfahl**	empfähle (empföhle)	**empfohlen**
erschrecken 驚く	*du* erschrickst *er* erschrickt	**erschrak**	erschräke	**erschrocken**
essen 食べる	*du* isst *er* isst	**aß**	äße	**gegessen**
fahren (乗物で)行く	*du* fährst *er* fährt	**fuhr**	führe	**gefahren**
fallen 落ちる	*du* fällst *er* fällt	**fiel**	fiele	**gefallen**
fangen 捕える	*du* fängst *er* fängt	**fing**	finge	**gefangen**
finden 見つける		**fand**	fände	**gefunden**
fliegen 飛ぶ		**flog**	flöge	**geflogen**

不定詞	直説法現在	過去基本形	接続法第２式	過去分詞
fliehen 逃げる		**floh**	flöhe	**geflohen**
fließen 流れる		**floss**	flösse	**geflossen**
frieren 凍る		**fror**	fröre	**gefroren**
geben 与える	*du* gibst *er* gibt	**gab**	gäbe	**gegeben**
gehen 行く		**ging**	ginge	**gegangen**
gelingen 成功する		**gelang**	gelänge	**gelungen**
gelten 値する，有効である	*du* giltst *er* gilt	**galt**	gälte (gölte)	**gegolten**
genießen 享受する，楽しむ		**genoss**	genösse	**genossen**
geschehen 起こる	*es* geschieht	**geschah**	geschähe	**geschehen**
gewinnen 獲得する，勝つ		**gewann**	gewänne (gewönne)	**gewonnen**
graben 掘る	*du* gräbst *er* gräbt	**grub**	grübe	**gegraben**
greifen つかむ		**griff**	griffe	**gegriffen**
haben 持っている	*du* hast *er* hat	**hatte**	hätte	**gehabt**
halten 持って(つかんで)いる	*du* hältst *er* hält	**hielt**	hielte	**gehalten**
hängen 掛かっている		**hing**	hinge	**gehangen**
heben 持ちあげる		**hob**	höbe	**gehoben**
heißen …と呼ばれる		**hieß**	hieße	**geheißen**
helfen 助ける	*du* hilfst *er* hilft	**half**	hülfe (hälfe)	**geholfen**
kennen 知っている		**kannte**	kennte	**gekannt**
kommen 来る		**kam**	käme	**gekommen**
können …できる	*ich* kann *du* kannst *er* kann	**konnte**	könnte	**gekonnt** **können**
laden (荷を)積む	*du* lädst *er* lädt	**lud**	lüde	**geladen**
lassen …させる	*du* lässt *er* lässt	**ließ**	ließe	**gelassen**

不定詞	直説法現在	過去基本形	接続法第２式	過去分詞
laufen 走る	*du* läufst *er* läuft	**lief**	liefe	**gelaufen**
leiden 悩む，苦しむ		**litt**	litte	**gelitten**
leihen 貸す，借りる		**lieh**	liehe	**geliehen**
lesen 読む	*du* liest *er* liest	**las**	läse	**gelesen**
liegen 横たわっている		**lag**	läge	**gelegen**
lügen うそをつく		**log**	löge	**gelogen**
messen 測る	*du* misst *er* misst	**maß**	mäße	**gemessen**
mögen …かもしれない	*ich* mag *du* magst *er* mag	**mochte**	möchte	**gemocht** **mögen**
müssen …ねばならない	*ich* muss *du* musst *er* muss	**musste**	müsste	**gemusst** **müssen**
nehmen 取る	*du* nimmst *er* nimmt	**nahm**	nähme	**genommen**
nennen …と呼ぶ		**nannte**	nennte	**genannt**
raten 助言する	*du* rätst *er* rät	**riet**	riete	**geraten**
reißen 引きちぎる		**riss**	risse	**gerissen**
reiten 馬に乗る		**ritt**	ritte	**geritten**
rennen 走る		**rannte**	rennte	**gerannt**
rufen 叫ぶ，呼ぶ		**rief**	riefe	**gerufen**
schaffen 創造する		**schuf**	schüfe	**geschaffen**
scheinen 輝く，思われる		**schien**	schiene	**geschienen**
schieben 押す		**schob**	schöbe	**geschoben**
schießen 撃つ		**schoss**	schösse	**geschossen**
schlafen 眠っている	*du* schläfst *er* schläft	**schlief**	schliefe	**geschlafen**
schlagen 打つ	*du* schlägst *er* schlägt	**schlug**	schlüge	**geschlagen**
schließen 閉じる		**schloss**	schlösse	**geschlossen**

不定詞	直説法現在	過去基本形	接続法第２式	過去分詞
schmelzen 溶ける	*du* schmilzt *er* schmilzt	**schmolz**	schmölze	**geschmolzen**
schneiden 切る		**schnitt**	schnitte	**geschnitten**
schreiben 書く		**schrieb**	schriebe	**geschrieben**
schreien 叫ぶ		**schrie**	schriee	**geschrien**
schweigen 沈黙する		**schwieg**	schwiege	**geschwiegen**
schwimmen 泳ぐ		**schwamm**	schwömme (schwämme)	**geschwommen**
schwinden 消える		**schwand**	schwände	**geschwunden**
sehen 見る	*du* siehst *er* sieht	**sah**	sähe	**gesehen**
sein 在る	*ich* bin *wir* sind *du* bist ihr seid *er* ist sie sind	**war**	wäre	**gewesen**
senden 送る		**sendete** (**sandte**)	sendete	**gesendet** (**gesandt**)
singen 歌う		**sang**	sänge	**gesungen**
sinken 沈む		**sank**	sänke	**gesunken**
sitzen 座っている		**saß**	säße	**gesessen**
sollen …すべきである	*ich* soll *du* sollst *er* soll	**sollte**	sollte	**gesollt** **sollen**
spalten 割る		**spaltete**	spaltete	**gespalten**
sprechen 話す	*du* sprichst *er* spricht	**sprach**	spräche	**gesprochen**
springen 跳ぶ		**sprang**	spränge	**gesprungen**
stechen 刺す	*du* stichst *er* sticht	**stach**	stäche	**gestochen**
stehen 立っている		**stand**	stände (stünde)	**gestanden**
stehlen 盗む	*du* stiehlst *er* stiehlt	**stahl**	stähle (stöhle)	**gestohlen**
steigen 登る		**stieg**	stiege	**gestiegen**
sterben 死ぬ	*du* stirbst *er* stirbt	**starb**	stürbe	**gestorben**
stoßen 突く	*du* stößt *er* stößt	**stieß**	stieße	**gestoßen**

不定詞	直説法現在	過去基本形	接続法第２式	過去分詞
streichen なでる		**strich**	striche	**gestrichen**
streiten 争う		**stritt**	stritte	**gestritten**
tragen 運ぶ，身につける	*du* trägst *er* trägt	**trug**	trüge	**getragen**
treffen 当たる，会う	*du* triffst *er* trifft	**traf**	träfe	**getroffen**
treiben 追う		**trieb**	triebe	**getrieben**
treten 歩む，踏む	*du* trittst *er* tritt	**trat**	träte	**getreten**
trinken 飲む		**trank**	tränke	**getrunken**
tun する		**tat**	täte	**getan**
vergessen 忘れる	*du* vergisst *er* vergisst	**vergaß**	vergäße	**vergessen**
verlieren 失う		**verlor**	verlöre	**verloren**
wachsen 成長する	*du* wächst *er* wächst	**wuchs**	wüchse	**gewachsen**
waschen 洗う	*du* wäschst *er* wäscht	**wusch**	wüsche	**gewaschen**
wenden 向ける		**wendete** (**wandte**)	wendete	**gewendet** (**gewandt**)
werben 得ようと努める	*du* wirbst *er* wirbt	**warb**	würbe	**geworben**
werden （…に）なる	*du* wirst *er* wird	**wurde**	würde	**geworden**
werfen 投げる	*du* wirfst *er* wirft	**warf**	würfe	**geworfen**
wissen 知っている	*ich* weiß *du* weißt *er* weiß	**wusste**	wüsste	**gewusst**
wollen …しようと思う	*ich* will *du* willst *er* will	**wollte**	wollte	**gewollt** **wollen**
ziehen 引く，移動する		**zog**	zöge	**gezogen**
zwingen 強制する		**zwang**	zwänge	**gezwungen**

リヒトホーフ・ノイ
－初級ドイツ語文法－

検印省略

© 2020 年 1 月 30 日　初 版 発 行
2020 年 11 月 10 日　第 2 刷 発 行
2023 年 1 月 30 日　改訂初版発行

著　者　松鵜功記
高本教之
若林　恵
新本史斉
若松宣子
Franz Hintereder-Emde
Angelika Emde

発行者　小川洋一郎
発行所　株式会社　朝日出版社
101-0065　東京都千代田区西神田 3-3-5
電話直通（03）3239-0271/72
振替口座　00140-2-46008
http://www.asahipress.com/

組　版　有限会社ファースト
印　刷　図書印刷株式会社

乱丁、落丁本はお取り替えいたします。
ISBN978-4-255-25466-1　C1084

Lichthof neu

リヒトホーフ ノイ

—初級ドイツ語文法—

別冊ハイジ練習帳

ASAHI Verlag

朝日出版社

別冊
ハイジ練習帳

P1-28では、見開きの左側に各Lektionで学んだ文法事項を用いたパートナー練習のAバージョンを、右側にヨハンナ・シュピーリ作『アルプスの少女ハイジ』（Johanna Spyri „Heidis Lehr- und Wanderjahre“, „Heidi kann brauchen, was es gelernt hat“）名場面のドイツ語原文および練習問題を収録しています。P29以降にはパートナー練習のBバージョンを収録しています。パートナー練習の際には、AバージョンとBバージョンでペアを組んで下さい。なお、『ハイジ』名場面の一部は、平易なドイツ語に書きかえています。

パートナー練習
Aバージョン

ヨハンナ・シュピーリ作『アルプスの少女ハイジ』
（Johanna Spyri „Heidis Lehr- und Wanderjahre“,
„Heidi kann brauchen, was es gelernt hat“）
名場面のドイツ語原文および練習問題

Lektion 1 パートナー練習 A

	Heidi	Peter	Klara	Klaras Vater und Großmama	ich	du
müde 疲れた						
sauer 不機嫌な						
traurig 悲しい						
glücklich 幸せな		○				
fleißig 勤勉な				○		
pünktlich 時間を守る				○		
nett 親切な				○		
gesund 健康な		○				
reich 裕福な				○		
tolerant 寛容な				○		

① ハイジたちのキャラクターについて、パートナーに報告しましょう。

例） Peter ist gesund. / Peter ist nicht reich.

② 自分が該当する項目に○を入れて、パートナーに質問しましょう。

例１） Bist du müde? – Ja, und du? – Ich auch.
– Ich bin nicht müde.

例２） Bist du müde? – Nein, und du? – Ich auch nicht.
– Ich bin müde.

【ドイツ語で『ハイジ』の世界にふれてみましょう－1】

多くの人々に愛されるアルプスの少女ハイジは、19 世紀末にスイスの作家ヨハンナ・シュピーリがドイツ語で発表した物語の主人公です。日本語を参考に各場面を訳し、『ハイジ』の世界にふれてみましょう。

よく晴れた六月の朝、幼いハイジがデーテおばさんといっしょに、服をたくさん着こんで山を登っています。おばさんは、ハイジの着替えの荷物を持ちたくないのです。両親を亡くしたハイジはデーテおばさんと暮らしていましたが、おばさんがドイツのフランクフルトで勤めることになり、アルムの山に住むおじいさんのところに預けられることになったのです。

An einem hellen, sonnigen Junimorgen steigen eine junge Frau und ein Kind von Maienfeld bis hinauf zu den Alpen. Die Wangen des Kindes glühen. Es ist auch kein Wunder: Das Kind ist trotz der heißen Junisonne wie im bitteren Winter verpackt. Das kleine Mädchen ist kaum fünf Jahre alt. Aber seine natürliche Gestalt sieht man nicht, denn es trägt zwei, wenn nicht drei Kleider übereinander und drüberhin ist ein großes, rotes Baumwolltuch um und um gebunden.

(Johanna Spyri „Heidis Lehr- und Wanderjahre“ より)

練習）　[　　] の不定詞から現在形を作りましょう。

Das Kind (　　　　　　　　) Heidi.　[heißen]
その子どもはハイジという名前です。

Die Frau (　　　　　　　　) die Tante von Heidi.　[sein]
その女性はハイジのおばさんです。

Am Junimorgen (　　　　　　　　) sie auf einen Berg.　[steigen]
六月の朝、彼らは山を登る。

Heidi		
Peter	die Tasche	der Hut
Klara	das Bett	der Rollstuhl
Heidis Großvater		
Peters Großmutter	die Brille	der Stock
Herr Sesemann		
Fräulein Rottenmeier		
die Ziegen	Wasser	Gräser
ich		
du		

誰が何を必要としているか、パートナーに質問しましょう。

例 1） A: Was braucht Heidi?
B: Sie braucht einen Kamm und ein Buch.

例 2） A: Was brauchst du?
B: Ich brauche ...

【ドイツ語で『ハイジ』の世界にふれてみましょう－2】

ハイジの祖父のアルムおんじは、アルムの山小屋で二頭のヤギを飼い、一人暮らしをしています。もともとは裕福な農家の息子でしたが、放蕩生活の末、ようやく結婚しましたが、その妻に先立たれ、息子夫婦も突然亡くなり、心を閉ざしてしまったのでした。ところが、いきなり孫のハイジが、おばに連れられてやってきて、預かってほしいといわれて、おどろきます。

In einer Hütte wohnt Alm-Öhi allein. Er sitzt auf einer Bank vor der Hütte, eine Pfeife im Mund, beide Hände auf seine Knie gelegt, und schaut ruhig zu, wie die Kinder, die Geißen und Dete heranklettern. Heidi ist zuerst oben. Es geht geradeaus auf den Alten zu, streckt ihm die Hand entgegen und sagt: »Guten Tag, Großvater!«
»So, so, wie ist das gemeint?«, fragt der Alte barsch, gibt dem Kind kurz die Hand und schaut es mit einem langen, durchdringenden Blick an, unter seinen buschigen Augenbrauen hervor.

Öhi　南東スイスの言葉で「おじさん」の意味。

(Johanna Spyri „Heidis Lehr- und Wanderjahre“ より)

練習１）　適切な定冠詞を（　　）にいれましょう。

Dete ist die Schwester (　　　　　) Mutter von Heidi.
デーテはハイジのお母さんの妹です。

Sie bringt (　　　　　) Großvater　(　　　　　) Kind.
彼女がおじいさんのところに子どもをつれていく。

練習２）　[　　] の名詞を複数形にしましょう。

Hinter der Hütte stehen drei (　　　　　).　[Tanne]
小屋の後ろにモミの木が三本立っている。

Heidi und der Großvater essen zwei (　　　　　) mit gebratenem Käse.　[Brot]
ハイジとおじいさんはあぶったチーズをぬったパンをふたつ食べる。

Lektion 3 パートナー練習 A

	jetzt	heute Abend	am Wochenende	in den Ferien
Heidi		nach Frankfurt fahren	kochen	
Peter	Holz tragen		schlafen	
Klara		ein Buch lesen		in die Alpen fahren
ich				
du				

パートナーに質問しましょう。

例 1） A: Was macht Heidi jetzt?
B: Jetzt spricht sie mit dem Opa.

例 2） A: Was machst du heute Abend?
B: Heute Abend ...

【ドイツ語で『ハイジ』の世界にふれてみましょう–3】

アルムおんじの山小屋に取り残されたハイジは、不愛想なおじいさんをこわがることもなく、山小屋を探検し、干し草置き場でベッドを作ります。おじいさんにいすも作ってもらい、パンとヤギのミルクを飲んだハイジは、ひとりで干し草の中で眠ります。初めての夜で怖がっているのではないかと、おじいさんがハイジの様子を見にくる場面です。

Jetzt kommt der Mondschein eben leuchtend durch die runde Öffnung herein und fällt gerade auf Heidis Lager. Es schläft mit feuerroten Backen unter seiner schweren Decke, und ruhig und friedlich liegt es auf seinem runden Ärmchen und träumt von etwas Erfreulichem, denn sein Gesicht sieht ganz wohlgemut aus. Der Großvater schaut so lange auf das friedlich schlafende Kind, bis der Mond wieder hinter die Wolken tritt und es dunkel wird, dann kehrt er auf sein Lager zurück.

(Johanna Spyri „Heidis Lehr- und Wanderjahre“ より)

練習１）　[　　] の不定詞を適切に活用させましょう。

Heidi (　　　　　　　) im Heu.　[schlafen]　　　ハイジは干し草の中で眠る。

Sie (　　　　　　　) im Himmel einen Falken.　[sehen]　　彼女は空に一羽のタカを見る。

練習２）　命令形にしてみましょう。

Peter, (　　　　　　　), da ist ein Falke!　[schauen]　　ペーター、見て、タカがそこにいるよ！

Lektion 4 パートナー練習 A

	Freund	Freundin	Ziegen	Nachbarn
Heidi		Weißbrot	Gräser	
Peter	eine Flasche Rotwein		Wasser	Käse
Fräulein Rottenmeier	die Bibel			Bücher
ich				
du				

パートナーに質問しましょう。

例１）　A: Was bringt Heidi ihrem Freund?
　　　　B: Sie bringt ihrem Freund Blumen.

例２）　A: Was bringst du deiner Freundin?
　　　　B: Meiner Freundin bringe ich ...

【ドイツ語で『ハイジ』の世界にふれてみましょう–4】

アルムの山に冬がおとずれ、山はすっかり雪におおわれます。ある日、ハイジはペーターの家に招かれ、おじいさんとそりに乗って出かけます。ペーターは、お母さんと、目の見えないおばあさんと三人で、ヤギ飼いをしながら、ぼろぼろの小屋で貧しい暮らしをしているのでした。

Der Großvater setzt sich auf den Schlitten, nimmt das Kind auf seinen Schoß, wickelt es um und um in den Sack ein, damit es hübsch warm bleibt und drückt es fest mit dem linken Arm an sich, denn das ist nötig bei der kommenden Fahrt. Dann umfasst er mit der rechten Hand die Stange und gibt einen Ruck mit beiden Füßen. Da schießt der Schlitten davon die Alm hinab mit einer solchen Schnelligkeit, dass das Heidi meint, es fliegt in der Luft wie ein Vogel, und es jauchzt laut auf. Auf einmal steht der Schlitten still, gerade bei der Hütte vom Geißenpeter.

(Johanna Spyri „Heidis Lehr- und Wanderjahre“ より)

練習）（　　）に冠詞類をいれましょう。

Heidi gibt (　　　　　) Großvater viele Blumen.
ハイジは彼女のおじいさんにたくさんの花をわたす。

Der Großvater repariert (　　　　　) Haus.
おじいさんは彼の家を修理する。

Peter hat (　　　　　) Buch.
ペーターは本を一冊ももっていない。

Lektion 5 パートナー練習 A

① 絵を見ながら、何がどこに置かれているか、パートナーに質問しましょう。
答える際には、(　　)内の単語を使いましょう。

例)	Wo steht das Bett?	(der Tisch)	Das Bett steht neben dem Tisch.
1	Wo hängt die Lampe?	(die Wand)	
2	Wo liegt der Teppich?	(die Tür)	
3	Wo steht das Bücherregal?	(die Tür, der Tisch)	
4	Wo hängt der Kalender?	(das Sofa)	
5	Wo steht die Gitarre?	(die Ecke)	
6	Wo steht der Papierkorb?	(der Tisch)	

② どこに置くのか、たずねる表現も練習しましょう。

例)	Wohin stellen wir das Bett?	(der Tisch)	Wir stellen das Bett neben den Tisch.
1	Wohin hängen wir die Lampe?	(die Wand)	
2	Wohin legen wir den Teppich?	(die Tür)	
3	Wohin stellen wir das Bücherregal?	(die Tür, der Tisch)	
4	Wohin hängen wir den Kalender?	(das Sofa)	
5	Wohin stellen wir die Gitarre?	(die Ecke)	
6	Wohin stellen wir den Papierkorb?	(der Tisch)	

【ドイツ語で『ハイジ』の世界にふれてみましょう-5】

山にきて三年がたったとき、デーテおばさんがいきなり戻ってきて、ハイジをドイツのフランクフルトに連れていってしまいます。裕福なゼーゼマン家でさびしく車いすで暮らす、病弱なお嬢さんのクララの遊び相手に選ばれたのです。立派なお屋敷で、家政婦のロッテンマイヤーさんや使用人のゼバスティアンたちと、慣れない生活がはじまります。

Im Hause des Herrn Sesemann in Frankfurt liegt das kranke Töchterlein, Klara, den ganzen Tag in dem bequemen Rollstuhl. (...) Während oben Klara zum zweiten Mal ungeduldig Fräulein Rottenmeier fragt, ob die Erwarteten noch nicht da sind, steht unten vor der Haustür die Dete mit Heidi an der Hand und fragt den Kutscher Johann, der eben vom Wagen steigt, ob sie wohl Fräulein Rottenmeier so spät noch stören darf.

Töchterlein　Tochter の縮小形。小さな娘。

(Johanna Spyri „Heidis Lehr- und Wanderjahre“ より)

練習）（　　）に定冠詞を、下線部に人称代名詞をいれましょう。

Heidi schaut aus (　　　　) Fenster und sieht einen Turm.
ハイジは窓から外を眺め、塔を目にする。

Sie steigt auf (　　　　) Turm.
彼女はその塔にのぼる。

Der Türmer schenkt __________ eine Katze.
塔守が彼女に一匹のネコをプレゼントする。

Lektion 6 パートナー練習 A

	Peter	Heidi	Schwänli und Bärli（ヤギ）	ich	du
singen 歌う		fantastisch	einmalig		
tanzen 踊る	nicht so gut				
schwimmen 泳ぐ	gut		kaum		
Tennis spielen テニスをする			überhaupt nicht		
Ski fahren スキーをする	einigermaßen	ganz toll			
bouldern ボルダリングする			fantastisch		
Klavier spielen ピアノを弾く		nicht so gut			
kochen 料理する	ein bisschen	kaum			
stricken 編み物をする	ganz toll		überhaupt nicht		

パートナーに質問しましょう。

例 1） A: Kann Peter singen?
B: Ja, er kann sehr gut singen.

例 2） A: Kannst du singen?
B: Ja, ich kann gut singen.

fantastisch	+++
ausgezeichnet	+++
hervorragend	+++
ganz toll	+++
einmalig	+++
besonders gut	++
sehr gut	++
gut	+
einigermaßen	+ −
ein bisschen	+ −
nicht so gut	−
nicht so besonders gut	−
kaum	− −
kein bisschen	− − −
überhaupt nicht	− − −

【『ハイジ』の世界にふれてみましょう–6】

フランクフルトについた翌日、山の景色が見たくなったハイジは高いところを探し、教会の塔に登ります。結局、どこまでも広がる町しか見られず、がっかりしますが、塔守のおじいさんから、子ネコをもらい、お屋敷にこっそり連れて帰ります。でも、家政婦のロッテンマイヤーさんはネコが大嫌いで、クララとハイジが家庭教師の先生に教わっている最中に、ネコがかごからとびだして、大さわぎになります。

Sebastian bringt einen bedeckten Korb herein und entfernt sich dann eilig wieder. Klara kann sich nicht vorstellen, was man ihr gebracht hat; sie schaut sehr verlangend nach dem Korb. »Herr Kandidat«, sagt sie, »kann ich nicht nur einmal schnell hineinsehen, um zu wissen, was drin ist? «
Nun springen mit einem Mal junge Kätzchen hervor und ins Zimmer hinaus. Heidi schießt ihnen vor Freude in alle Winkel nach. Fräulein Rottenmeier sitzt erst sprachlos vor Entsetzen in ihrem Sessel, dann fängt sie an aus Leibeskräften zu schreien.

(Johanna Spyri „Heidis Lehr- und Wanderjahre“より)

練習）　[　　] の助動詞を適切に変化させましょう。

Heidi (　　　　　　) nach Hause kehren.　[wollen]
ハイジは家に帰りたい。

Heidi (　　　　　　) (　　　　　　) im Esszimmer mit Sebastian sprechen.　[dürfen]
ハイジは食堂でゼバスティアンと話してはいけない。

Er (　　　　　　) Herr Sesemann sein.　[müssen]
彼はゼーゼマンさんにちがいない。

	Peter	Klara	ich	du
aufstehen 起きる		7:45		
frühstücken 朝食をとる	6:30			
das Haus verlassen 家を出る	7:10			
zu Mittag essen 昼食をとる	11:30			
einkaufen 買い物をする	13:00			
das Abendessen vorbereiten 夕食の準備をする		18:50-19:20		
zu Abend essen 夕食をとる	19:15			
fernsehen テレビを見る		X		
ins Bett gehen 就寝する		23:00		

パートナーに質問しましょう。

例１）　A: Um wie viel Uhr steht Peter auf?
B: Er steht um 5:50 auf.

例２）　A: Um wie viel Uhr stehst du auf?
B: Ich stehe um ...

【ドイツ語で『ハイジ』の世界にふれてみましょう－7】

ハイジはお屋敷に遊びにきた、クララのやさしいおばあさまと仲良くなります。文字が読めず、勉強にもまったく興味をもてなかったハイジに、おばあさまは、夕日に包まれる牧場に立つ羊飼いの絵のついた絵本を読んでくれて、文字の読み書きと信仰の大切さを教えてくれます。

Heidi erscheint im Zimmer der Großmama und macht die Augen weit auf, als es die prächtigen bunten Bilder in den großen Büchern sieht. Auf einmal schreit Heidi laut auf, als die Großmama wieder ein Blatt umwendet; mit glühendem Blick schaut es auf die Figuren, dann stürzen ihm plötzlich die hellen Tränen aus den Augen, und es fängt gewaltig zu schluchzen an. Die Großmama schaut das Bild an. Es ist eine schöne, grüne Weide. In der Mitte steht der Hirt, auf einen langen Stab gestützt, der schaut den fröhlichen Tierchen zu. Alles ist wie in Goldschimmer gemalt, denn hinten am Horizont ist eben die Sonne im Untergehen.

(Johanna Spyri „Heidis Lehr- und Wanderjahre“ より)

練習）（　　）に接続詞［ **wenn, weil, dass** ］を入れましょう。

Klara hofft, (　　　　　) Heidi immer in Frankfurt bleibt.
クララはハイジがフランクフルトにずっと残ってくれることを望んでいる。

Heidi will in die Schweiz zurückkehren, (　　　　　) ihr Großvater auf sie wartet.
おじいさんがハイジを待っているので、ハイジはスイスに帰りたい。

(　　　　　) Heidi die Geschichten laut vorliest, kommen sie ihr noch schöner vor.
声に出して読むと、物語がハイジにはさらにすばらしく感じられる。

Lektion 8 パートナー練習 A

	Peter	Klara	ich	du
aufstehen 起きる		7:45		
frühstücken 朝食をとる	6:30			
das Haus verlassen 家を出る	7:10			
zu Mittag essen 昼食をとる	11:30			
einkaufen 買い物をする	13:30			
das Abendessen vorbereiten 夕食の準備をする		18:50-19:20		
zu Abend essen 夕食をとる	19:15			
fernsehen テレビを見る		X		
ins Bett gehen 就寝する		23:00		

パートナーに過去形で質問しましょう。

例１）　A: Um wie viel Uhr stand Peter gestern auf?
　　　　B: Er stand gestern um 5:50 auf.

例２）　A: Um wie viel Uhr standest du gestern auf?
　　　　B: Gestern stand ich um ...

【ドイツ語で『ハイジ』の世界にふれてみましょう-8】

フランクフルトの屋敷での暮らしは、ハイジにとっては、とてもきゅうくつなものでした。金色のキンポウゲが広がる牧場が恋しくてなりません。でも、クララがさびしがると気の毒なので、山に帰りたいともいえず、ハイジは自分の部屋で、太陽も見えないように目に手をぎゅっと押しつけて、たったひとり、じっとがまんして暮らしていたのでした。

So vergingen Herbst und Winter, und schon blendete die Sonne wieder so stark auf die weißen Mauern am Hause gegenüber. Heidi ahnte, dass nun die Zeit nahe war, da der Peter wieder zur Alm mit den Geißen fuhr, da die goldenen Cystusröschen droben im Sonnenschein glitzerten und allabendlich ringsum alle Berge im Feuer standen. Heidi setzte sich in seinem einsamen Zimmer in einen Winkel und hielt sich mit beiden Händen die Augen zu, so dass es den Sonnenschein nicht sehen konnte; und so saß es regungslos, sein brennendes Heimweh lautlos niederkämpfend.

(Johanna Spyri „Heidis Lehr- und Wanderjahre“ より)

練習)　[　　]の不定詞から過去形を作りましょう。

Die Großmutter von Klara (　　　　　　) Heidi eine Puppe.　[zeigen]
　　クララのおばあさまはハイジに人形を見せた。

Sebastian und Johann (　　　　　　) die Tür weit auf.　[machen]
　　ゼバスティアンとヨーハンは、ドアを大きくあけた。

Heidi (　　　　　　) ein Buch.　[lesen]
　　ハイジは本を読んだ。

Lektion 9 パートナー練習 A

	Peter	Klara	ich	du
aufstehen 起きる		7:45		
frühstücken 朝食をとる	6:30			
das Haus verlassen 家を出る	7:10			
zu Mittag essen 昼食をとる	11:30			
einkaufen 買い物をする	13:30			
das Abendessen vorbereiten 夕食の準備をする		18:50-19:20		
zu Abend essen 夕食をとる	19:15			
fernsehen テレビを見る		X		
ins Bett gehen 就寝する		23:00		

パートナーに現在完了形で質問しましょう。

例 1） A: Um wie viel Uhr ist Peter gestern aufgestanden?
B: Er ist gestern um 5:50 Uhr aufgestanden.

例 2） A: Um wie viel Uhr hat Klara gestern gefrühstückt?
B: Sie hat gestern um 8:00 gefrühstückt.

例 3） A: Um wie viel Uhr bist du gestern aufgestanden?

例 4） A: Um wie viel Uhr hast du gestern gefrühstückt?

【ドイツ語で『ハイジ』の世界にふれてみましょう–9】

お屋敷では、夜中にゆうれいが歩いていると騒ぎが起こるようになりました。でも、それは夢遊病になり、無意識のままお屋敷を出ていこうとするハイジだったのです。クララのお父さんは、友人でお医者さんのクラッセン先生に相談します。クラッセン先生は、ハイジの話をやさしく聞いてくれて、とうとうハイジは山に帰れることになります。

Dann nahm Doktor Classen das Kind bei der Hand und sagte begütigend: »So, nun ist alles in Ordnung, nun sag mir auch noch, wo wolltest du denn hin?«
»Ich wollte gewiss nirgends hin«, versicherte Heidi; »ich bin auch gar nicht selbst hinuntergegangen, ich war nur auf einmal da.«
»So, so, und hast du etwa geträumt in der Nacht, weißt du, so, dass du deutlich etwas sahst und hörtest?«
»Ja, jede Nacht träumt es mir und immer gleich.«

(Johanna Spyri „Heidis Lehr- und Wanderjahre“ より)

練習） [ ] の不定詞から現在完了形を作りましょう。

Sebastian ( ) einen Geist im Haus ( ). [suchen]
ゼバスティアンは屋敷でおばけを探した。

Sie ( ) einen Brief an Herrn Sesemann ( ). [schreiben]
彼女はゼーゼマンさんに手紙を書いた。

Herr Sesemann ( ) seinem Freund den Vorgang ( ). [erzählen]
ゼーゼマンさんは友人にその出来事を話して聞かせた。

	deutsch	schweizerisch	österreichisch
Weißwein	++	+++	+
Rotwein			
Bier	+++	+	++
Käse			
Brot	+++	++	+
Wurst			
Schnitzel	+	++	+++
Kuchen			
Literatur	+++	++	+
Musik			

パートナーに質問しましょう。(+の数は好みで変えてください。)

例 1) Welchen Weißwein trinkst du gern?
- Ich trinke gern österreichischen Weißwein.
- Ich trinke lieber deutschen Weißwein als österreichischen.
- Am liebsten trinke ich schweizerischen Weißwein.

例 2) Welchen Käse isst du gern?

例 3) Welche Literatur liest du gern?

例 4) Welche Musik hörst du gern?

【ドイツ語で『ハイジ』の世界にふれてみましょう–10】

ハイジは、おじいさんの山小屋に向かって山を駆け上がりながら、途中で、ペーターの家に寄ります。きれいな服を着て別人のようになったハイジに、お母さんはすっかりおどろきます。でもハイジは帽子も服もお母さんにあげてしまいます。別れぎわにおじいさんから、気取った羽根つき帽子をかぶった姿など見たくない、といわれたことを覚えていたのです。

»Und das Federnhütlein auf dem Tisch gehört dir auch noch? Setz es doch einmal auf, so kann ich sehen, wie du drin aussiehst.«, sagte die Mutter von Peter.
»Nein, ich will nicht«, erklärte Heidi, »du kannst es haben, ich brauche es nicht mehr, ich habe schon noch mein eigenes.« Damit machte Heidi sein rotes Bündelchen auf und nahm sein altes Hütchen daraus hervor, das auf der Reise zu den Knicken, die es schon vorher gehabt, noch einige bekommen hatte. Aber das kümmerte das Heidi wenig; es hatte ja nicht vergessen, was der Großvater beim Abschied nachgerufen hatte.

(Johanna Spyri „Heidis Lehr- und Wanderjahre“ より)

練習） 形容詞の語尾を下線部にいれましょう。

Aus den blinden Augen fielen groß___ Tränen auf Heidis Hand nieder.
大粒の涙が盲いた目からハイジの手にこぼれおちた。

Du musst ab jetzt kein hart___ Brot mehr essen.
これから固いパンを食べなくてもいいのよ。

Unsere Milch ist die best_____ auf der Welt.
わたしたちのミルクは世界でいちばん。

Lektion 11 パートナー練習 A

	Heidi	Klara	Klaras Vater und Großmama
sich⁴ freuen auf＋4 格 ～を楽しみにしている		ein neuer Rollstuhl	die Alpen
sich⁴ interessieren für＋4 格 ～に興味を持っている	die Natur		Heidis Zukunft
sich⁴ beschäftigen mit＋3 格 ～に取り組む	die Lektüre der Bibel		
sich⁴ erinnern an＋4 格 ～を想い出す		die Zeit mit Heidi	
sich⁴ ärgern über＋4 格 ～に腹をたてる	das Essen in der Stadt	das Verhalten der Hausmeisterin	

パートナーに質問しましょう。

例 1） A: Worauf freut sich Heidi?
B: Sie freut sich auf die frische Luft der Berge.

例 2） A: Worauf freust du dich?
B: Ich freue mich auf ...

【ドイツ語で『ハイジ』の世界にふれてみましょう–11】

ハイジは着ていた服をすべてペーターのお母さんのところに置いて、肌着姿になると、ひとりでアルムの山をおじいさんの家に向かって登っていきます。シェザプラーナの山や、角のような岩が空に向かってのびるファルクニス山の雪原が夕日をあびて赤々と輝くなつかしい景色に、ハイジは心打たれます。

Heidi sagte ›gute Nacht‹ und stieg die Alm hinan mit seinem Korb am Arm. Die Abendsonne leuchtete ringsum auf die grüne Alm, und jetzt war auch drüben das große Schneefeld an der Schesaplana sichtbar geworden und strahlte herüber. Heidi musste alle paar Schritte wieder stille stehen und sich umkehren, denn die hohen Berge hatte es im Rücken beim Hinaufsteigen. Jetzt fiel ein roter Schimmer vor seinen Füßen auf das Gras, es kehrte sich um, da – so hatte es die Herrlichkeit nicht mehr im Sinn gehabt und auch nie so im Traum gesehen – die Felshörner am Falknis flammten zum Himmel auf, das weite Schneefeld glühte und rosenrote Wolken zogen darüber hin.

(Johanna Spyri „Heidis Lehr- und Wanderjahre“ より)

練習） [　　] の単語をならべかえ、下線部に書きこみましょう。

____________________, steckte der Großvater den Brief in die Tasche.

一言もいわず、おじいさんは手紙をポケットにしまった。 [ein Wort, sagen, zu, ohne]

Er verspricht, im nächsten Jahre mit Klara ____________________.

来年クララとスイスに旅行することを彼は約束した。 [reisen, in die Schweiz, zu]

Heidi fand kein Wort, ____________________.

神に感謝する言葉がハイジには見つからなかった。 [zu, dem lieben Gott, danken]

Lektion 12 パートナー練習 A

Heidi	Klara	Großvater	Peter
	Die Tochter von Herrn Sesemann. Peter hat ihren Rollstuhl zerstört.		Der Junge mit dem roten Hut. Heidi spielt sehr gern mit ihm.
Herr Sesemann	**Fräulein Rottenmeier**	**Großmutter**	**Doktor Classen**
Der reiche Kaufmann aus Frankfurt. Seine Tochter konnte nicht laufen.		Die alte Dame mit schwachen Augen. Heidi will ihr Geschichten aus der Bibel vorlesen.	
Sebastian	**Josef**	**Dete**	**Adelheid**
Der Diener mit runden Augen. Er hilft Heidi immer.	Der große Hund vom Opa. Sein Lieblingsessen sind Schnecken.		

パートナーに質問しましょう。

例）　A: Wer ist eigentlich Heidi?
　　　B: Das ist das Mädchen aus der Schweiz, das immer zum Fenster hinaus sieht.

【ドイツ語で『ハイジ』の世界にふれてみましょう–12】

ハイジが山を去ってから、おじいさんはますます頑固になり、心を閉ざし、人も神も拒絶するように暮らしていました。でも、ハイジが戻ってきて、おじいさんはこれまでの生活を悔い改め、神に感謝します。ハイジは、フランクフルトから持ち帰った本に載っている聖書の放蕩息子の話をおじいさんに読んで聞かせます。おじいさんがハイジとともに村の教会を訪れる場面で、『ハイジ』の１巻目の物語は感動的に終わります。

Ein paar Stunden später, als Heidi längst im tiefen Schlafe lag, stieg der Großvater die kleine Leiter hinauf; er stellte sein Lämpchen neben Heidis Lager hin, so dass das Licht auf das schlafende Kind fiel. Es lag da mit gefalteten Händen, denn zu beten hatte Heidi nicht vergessen. Auf seinem rosigen Gesichtchen lag ein Ausdruck des Friedens und seligen Vertrauens, der zu dem Großvater reden musste, denn lange, lange stand er da und rührte sich nicht und wandte kein Auge von dem schlafenden Kinde ab. Jetzt faltete auch er die Hände, und halblaut sagte er mit gesenktem Haupte: »Vater, ich habe gesündigt gegen den Himmel und vor dir und bin nicht mehr wert, dein Sohn zu heißen!« Und ein paar große Tränen rollten dem Alten die Wangen herab.

(Johanna Spyri „Heidis Lehr- und Wanderjahre“ より)

練習）日本語の意味にあわせて、［　　］の単語をならべかえましょう。

Heidi sah den Großvater, ______________________________.

ハイジは家の前に立っているおじいさんを見た。 [vor dem Haus, der, stand]

Heidi nahm den Korb, ______________________________.

ハイジはリンゴがはいったかごをとった。 [Äpfel, lagen, dem, in]

Sie setzte sich auf einen Stuhl, ______________________________.

彼女はおじいさんがつくったいすにすわった。 [der Großvater, den, hat, gebaut]

Lektion 13 パートナー練習 A

	Das würde ich nicht tun.	Das würde ich auch tun.
Heidi hat Fieber, und sie bleibt im Bett.		
Gäste sind zu Besuch, aber Peter geht allein in die Berge.		
Es regnet draußen, aber der Großvater geht spazieren.		
Die Großmutter hat fast keine Zähne, aber sie isst Schwarzbrot.		
Das Stadtleben ist spannend, aber Heidi sehnt sich nach Hause.		

表に○をつけたあと、パートナーに質問しましょう。

例1） A: Würdest du auch im Bett bleiben, wenn du Fieber hättest?
B: Ja, wenn ich Fieber hätte, würde ich im Bett bleiben.

例2） A: Was würdest du machen, wenn du Fieber hättest?
B: Ich würde zum Arzt gehen.

【ドイツ語で『ハイジ』の世界にふれてみましょう-13】

『ハイジ』の２巻目では、フランクフルトから山にクラッセン先生とクララがやってきます。山で暮らしたクララは、心も体もすっかり健やかになります。牧場でひとりになったクララは、自分を頼る子ヤギを見て、これからは助けられるだけではなく、自分もだれかを助けられるようになりたいと願います。こうした思いを初めて抱いた後、クララはハイジたちに助けられて、自分の足で歩けるようになります。

Der Klara kam es so köstlich vor, so ganz allein auf einem Berge zu sitzen, nur mit einem zutraulichen Geißlein, das ganz hilfsbedürftig zu ihr aufsah. Ein großer Wunsch stieg auf in ihr, auch einmal ihr eigener Herr zu sein und einem andern helfen zu können und nicht nur immer sich von allen anderen helfen lassen zu müssen. Und es kamen der Klara jetzt so viele Gedanken, die sie gar nie gehabt hatte, und eine unbekannte Lust, fortzuleben in dem schönen Sonnenschein und etwas zu tun, mit dem sie jemand erfreuen konnte, wie sie jetzt das Schneehöppli erfreute. Eine ganz neue Freude kam ihr ins Herz, so als ob alles, was sie wusste und kannte, auf einmal viel schöner und anders sein könnte, als sie es bis jetzt gesehen hatte.

(Johanna Spyri „Heidi kann brauchen, was es gelernt hat“ より)

練習）日本語の意味にあわせて、[　　] の単語を接続法 II 式にしましょう。

Heidi sagte, „Oh, wenn ich nur schon lesen (　　　　　　)“. [können]
ハイジは「本が読めたらなあ！」といった。

Sie trank Milch, als ob sie so Köstliches noch nie getrunken (　　　　　　). [haben]
こんなにすばらしいものを飲んだことがないかのように、彼女はミルクを飲んだ。

パートナー練習
Ｂバージョン

		Heidi	Peter	Klara	Klaras Vater und Großmama	ich	du
müde	疲れた			○			
sauer	不機嫌な			○			
traurig	悲しい			○			
glücklich	幸せな	○					
fleißig	勤勉な	○					
pünktlich	時間を守る						
nett	親切な	○					
gesund	健康な	○					
reich	裕福な			○			
tolerant	寛容な	○					

① ハイジたちのキャラクターについて、パートナーに報告しましょう。

例） Heidi ist fleißig. / Heidi ist nicht reich.

② 自分が該当する項目に○を入れて、パートナーに質問しましょう。

例 1） Bist du müde? – Ja, und du? – Ich auch.
– Ich bin nicht müde.

例 2） Bist du müde? – Nein, und du? – Ich auch nicht.
– Ich bin müde.

Heidi	der Kamm	das Buch
Peter		
Klara		
Heidis Großvater	die Pfeife	die Jacke
Peters Großmutter		
Herr Sesemann	die Uhr	das Auto
Fräulein Rottenmeier	der Regenschirm	der Kugelschreiber
die Ziegen		
ich		
du		

誰が何を必要としているか、パートナーに質問しましょう。

例 1）　B: Was braucht Peter?
　　　　A: Er braucht eine Tasche und einen Hut.

例 2）　B: Was brauchst du?
　　　　A: Ich brauche ...

	jetzt	heute Abend	am Wochenende	in den Ferien
Heidi	mit dem Opa sprechen			lesen lernen
Peter		einen Film sehen		in den Alpen wandern
Klara	Freunde treffen		in die Kirche gehen	
ich				
du				

パートナーに質問しましょう。

例 1）　B: Was macht Peter jetzt?
　　　　A: Jetzt trägt er Holz.

例 2）　B: Was machst du heute Abend?
　　　　A: Heute Abend ...

	Freund	Freundin	Ziegen	Nachbarn
Heidi	Blumen			Schokolade
Peter		ein Paar Schuhe		
Fräulein Rottenmeier		ein Kugelschreiber	Halsketten	
Ich				
du				

パートナーに質問しましょう。

例 1）　B: Was bringt Heidi ihrer Freundin?
　　　A: Ihrer Freundin bringt sie Weißbrot.

例 2）　B: Was bringst du deiner Freundin?
　　　A: Meiner Freundin bringe ich ...

① 絵を見ながら、何がどこに置かれているか、パートナーに質問しましょう。
答える際には、（　　）内の単語を使いましょう。

例）	Wo steht das Bett?	(der Tisch)	Das Bett steht neben dem Tisch.
1	Wo hängt die Lampe?	(die Wand)	
2	Wo liegt der Teppich?	(die Tür)	
3	Wo steht das Bücherregal?	(die Tür, der Tisch)	
4	Wo hängt der Kalender?	(das Sofa)	
5	Wo steht die Gitarre?	(die Ecke)	
6	Wo steht der Papierkorb?	(der Tisch)	

② どこに置くのか、たずねる表現も練習しましょう。

例）	Wohin stellen wir das Bett?	(der Tisch)	Wir stellen das Bett neben den Tisch.
1	Wohin hängen wir die Lampe?	(die Wand)	
2	Wohin legen wir den Teppich?	(die Tür)	
3	Wohin stellen wir das Bücherregal?	(die Tür, der Tisch)	
4	Wohin hängen wir den Kalender?	(das Sofa)	
5	Wohin stellen wir die Gitarre?	(die Ecke)	
6	Wohin stellen wir den Papierkorb?	(der Tisch)	

	Peter	Heidi	Schwänli und Bärli（ヤギ）	ich	du
singen 歌う	sehr gut				
tanzen 踊る		toll	hervorragend		
schwimmen 泳ぐ		wie ein Fisch			
Tennis spielen テニスをする	einigermaßen	mehr oder weniger gut			
Ski fahren スキーをする			nicht so besonders gut		
bouldern ボルダリングする	wie ein Affe	gut			
Klavier spielen ピアノを弾く	fantastisch		gar nicht		
kochen 料理する			kein bisschen		
stricken 編み物をする		kein bisschen			

パートナーに質問しましょう。

例 1）　B: Kann Heidi singen?
　　　A: Ja, sie kann fantastisch singen.

例 2）　B: Kannst du singen?
　　　A: Ja, ich kann gut singen.

fantastisch	+++
ausgezeichnet	+++
hervorragend	+++
ganz toll	+++
einmalig	+++
besonders gut	++
sehr gut	++
gut	+
einigermaßen	+ −
ein bisschen	+ −
nicht so gut	−
nicht so besonders gut	−
kaum	− −
kein bisschen	− − −
überhaupt nicht	− − −

	Peter	Klara	ich	du
aufstehen 起きる	5:50			
frühstücken 朝食をとる		8:00		
das Haus verlassen 家を出る		9:00		
zu Mittag essen 昼食をとる		12:15		
einkaufen 買い物をする		15:30		
das Abendessen vorbereiten 夕食の準備をする	18:00-19:00			
zu Abend essen 夕食をとる		19:35		
fernsehen テレビを見る	X			
ins Bett gehen 就寝する	21:00			

パートナーに質問しましょう。

例 1） B: Um wie viel Uhr steht Klara auf?
A: Sie steht um 7:45 auf.

例 2） B: Um wie viel Uhr stehst du auf?
A: Ich stehe um ...

Lektion 8 パートナー練習 B

	Peter	Klara	ich	du
aufstehen 起きる	5:50			
frühstücken 朝食をとる		8:00		
das Haus verlassen 家を出る		9:00		
zu Mittag essen 昼食をとる		12:15		
einkaufen 買い物をする		15:30		
das Abendessen vorbereiten 夕食の準備をする	18:00-19:00			
zu Abend essen 夕食をとる		19:35		
fernsehen テレビを見る	X			
ins Bett gehen 就寝する	21:00			

パートナーに過去形で質問しましょう。

例 1） B: Um wie viel Uhr stand Klara gestern auf?
A: Sie stand gestern um 7:45 auf.

例 2） B: Um wie viel Uhr standest du gestern auf?
A: Gestern stand ich um ...

	Peter	Klara	ich	du
aufstehen 起きる	5:50			
frühstücken 朝食をとる		8:00		
das Haus verlassen 家を出る		9:00		
zu Mittag essen 昼食をとる		12:15		
einkaufen 買い物をする		15.30		
das Abendessen vorbereiten 夕食の準備をする	18:00-19:00			
zu Abend essen 夕食をとる		19:35		
fernsehen テレビを見る	X			
ins Bett gehen 就寝する	21:00			

パートナーに現在完了形で質問しましょう。

例 1） B: Um wie viel Uhr ist Klara gestern aufgestanden?
A: Sie ist gestern um 7:45 Uhr aufgestanden.

例 2） B: Um wie viel Uhr hat Peter gestern gefrühstückt?
A: Er hat gestern um 6:30 gefrühstückt.

例 3） B: Um wie viel Uhr bist du gestern aufgestanden?

例 4） B: Um wie viel Uhr hast du gestern gefrühstückt?

	deutsch	schweizerisch	österreichisch
Weißwein			
Rotwein	+	+++	++
Bier			
Käse	++	+++	+
Brot			
Wurst	+++	+	++
Schnitzel			
Kuchen	+	++	+++
Literatur			
Musik	++	+	+++

パートナーに質問しましょう。（＋の数は好みで変えてください。）

例 1） Welchen Weißwein trinkst du gern?
- Ich trinke gern österreichischen Weißwein.
- Ich trinke lieber deutschen Weißwein als österreichischen.
- Am liebsten trinke ich schweizerischen Weißwein.

例 2） Welchen Käse isst du gern?

例 3） Welche Literatur liest du gern?

例 4） Welche Musik hörst du gern?

	Heidi	Klara	Klaras Vater und Großmama
sich[4] freuen auf＋4 格 ～を楽しみにしている	die frische Luft der Berge		
sich[4] interessieren für＋4 格 ～に興味を持っている		das Leben in der Schweiz	
sich[4] beschäftigen mit＋3 格 ～に取り組む		die Verbesserung ihrer Gesundheit	die Erziehung der Kinder
sich[4] erinnern an＋4 格 ～を想い出す	die Landschaft ihrer Heimat		ihre Kindheit
sich[4] ärgern über＋4 格 ～に腹をたてる			die Verspätung des Zugs

パートナーに質問しましょう。

例 1）　B: Worauf freut sich Klara?
A: Sie freut sich auf einen neuen Rollstuhl.

例 2）　B: Worauf freust du dich?
A: Ich freue mich auf ...

Lektion 12 パートナー練習 B

Heidi	Klara	Großvater	Peter
Das Mädchen aus der Schweiz. Es sieht immer zum Fenster hinaus.		Der alte Mann mit weißem Bart. Man hört kein freundliches Wort von Ihm.	
Herr Sesemann	Fräulein Rottenmeier	Großmutter	Doktor Classen
	Die hysterische Frau mit strenger Miene. Niemand mag sie.		Der Hausarzt von Klara. Heidi braucht seinen Rat.
Sebastian	Josef	Dete	Adelheid
		Die Tante von Heidi. Heidi wird von ihr zum Großvater gebracht.	Die Mutter von Heidi. Sie ist an einer Krankheit gestorben.

パートナーに質問しましょう。

例）　B: Wer ist eigentlich Klara?

A: Das ist die Tochter von Herrn Sesemann, deren Rollstuhl Peter zerstört hat.

Lektion 13 パートナー練習 B

	Das würde ich nicht tun.	Das würde ich auch tun.
Heidi hat Fieber, und sie bleibt im Bett.		
Gäste sind zu Besuch, aber Peter geht allein in die Berge.		
Es regnet draußen, aber der Großvater geht spazieren.		
Die Großmutter hat fast keine Zähne, aber sie isst Schwarzbrot.		
Das Stadtleben ist spannend, aber Heidi sehnt sich nach Hause.		

表に○をつけたあと、パートナーに質問しましょう。

例１） B: Würdest du auch im Bett bleiben, wenn du Fieber hättest?
A: Nein, wenn ich Fieber hätte, würde ich nicht im Bett bleiben.

例２） B: Was würdest du machen, wenn du Fieber hättest?
A: Ich würde zum Arzt gehen.

リヒトホーフ・ノイ

―初級ドイツ語文法―

別冊ハイジ練習帳

©2020年1月30日 初版発行
2020年11月10日 第2刷発行
2023年1月30日 改訂初版発行
著　者　松鵜功記
高本教之
若林　恵
新本史斉
若松宣子
Hintereder-Emde Franz
Angelika Emde
発行者　小川 洋一郎

発行所　朝日出版社
〒101－0065東京都千代田区西神田3－3－5
電話03(3239)0271
FAX03(3239)0479
振替口座00140－2－46008
http://text.asahipress.com/german/

印刷・製本　錦明印刷(株)